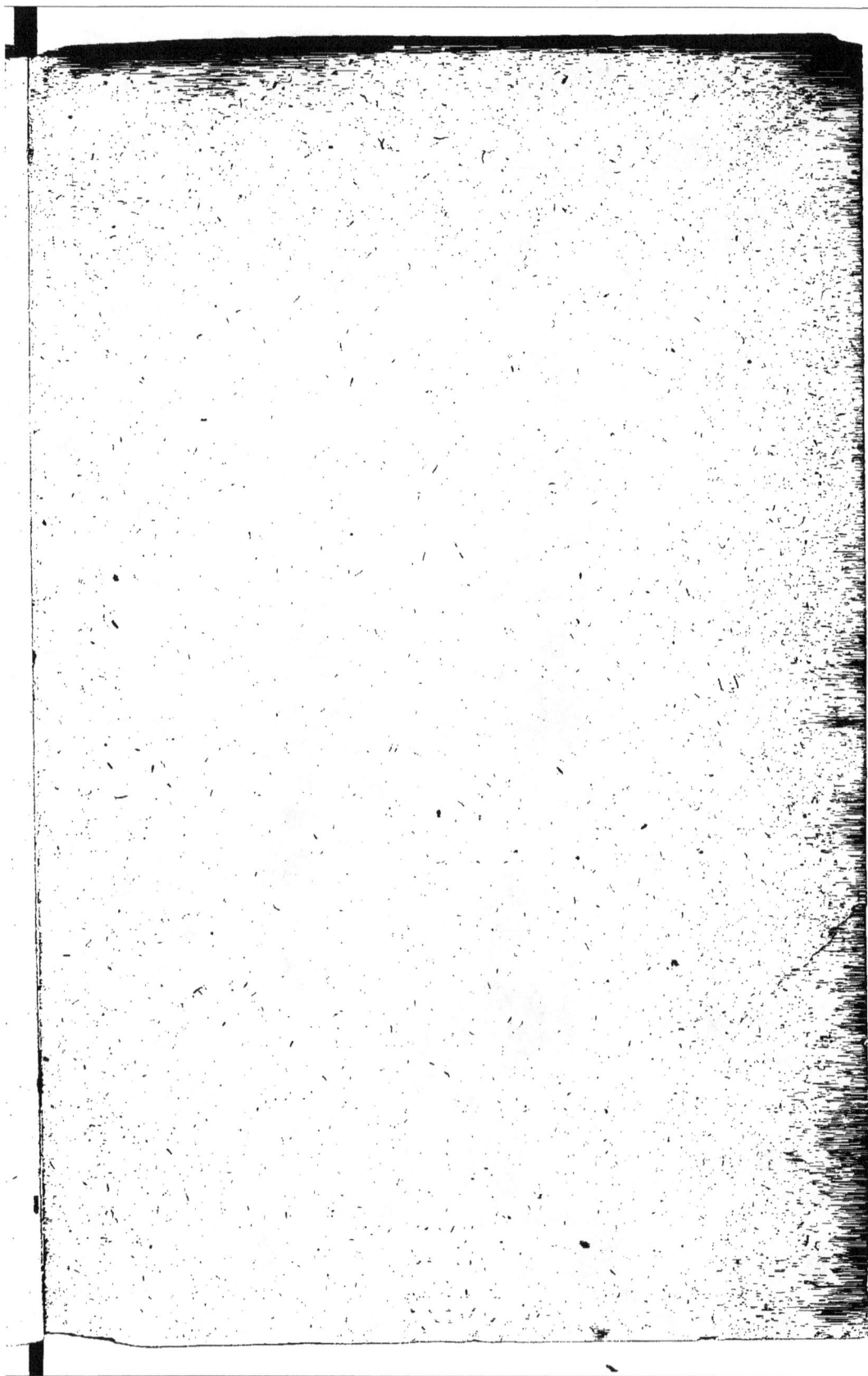

كتاب

حقوق الملل ومعاهدات الدول

القسم الرابع

في الحرب

« تأليف الامير »

امين ارسلان

قنصل جنرال الدولة العلية في بروكسل

الطبعة الاولى

(طبع في مطبعة الهلال بالفجالة بمصر سنة ؛ ١٩٠)

« على نفقة ادارة الهلال »

1

كتاب

حقوق الملل ومعاهدات الدول

القسم الرابع

في الحرب

« تأليف الامير »

امين ارسلان

قنصل جنرال الدولة العلية في بروكسل

الطبعة الاولى

(طبع في مطبعة الهلال بالفجالة بمصر سنة ١٩٠٠)

« على نفقة ادارة الهلال »

مقدمة

رأيت حاجة اللغة العربية الى كتاب في السياسة يبحث في حقوق الملل ومعاهدات الدول مما احدثه التمدن الحديث · ولا يليق بامة متمدنة ان تجهلهُ · فعمدت الى تأليف كتاب في هذا الموضوع اعتمدت فيه على ثقات فلاسفة العمران وخيرة علماء السياسة · وقسمته الى اربعة اقسام الاول في المبادىء الاساسية في انشاء الدول وماهية حقوقها وواجباتها · والثاني في الاستيلاء والاستدراك والابحار والانهار والثالث في العلاقات السياسية بين الدول وواجبات الملوك والسفراء والوزراء والقناصل · والرابع في الاختلافات وطرق صلحها والحرب برًّا و بحرًا

وفيما انا اعدُّ مواد الكتاب حدثت الحرب بين انكلترا والترانسفال في جنوبي افريقيا ولهجت الجرائد بذكر اسبابها واختلفت الاقوال في شرعيتها فرأيت ان انشر القسم الرابع من كتابي المذكور لانه يبين حقوق الحرب وشروطها وسائر احوالها و بناءً على رغبتي في سرعة النشر لاطلاع قراء العربية على ذلك اقترحت على مجلة الهلال نشر فصول هذا الكتاب تباعاً فاجابت اقتراحي ونشرت معظمه في سنتها الثامنة ثم طبعته على حدة تسهيلاً لاقتنائه وسأغتنم الفرصة المناسبة لنشر الاقسام الثلاثة الباقية · وارجو ان تروق خدمتي هذه في عيون ابناء وطني الناطقين بلغتي وحسبي الله ونعم الوكيل

بروكسل في مايو سنة ١٩٠٠ « امين ارسلان »

تمهيد

(نبذة تاريخية في الحرب)

الحرب هي القتال بين قومين واختلاف بين فريقين يفصل بقوة السلاح · وهي قديمة كقدم الانسان لا بل هي في الخليقة منذ برأها الله وطبيعة غريزية في البشر لا تخلو منها امة ولا جيل واسبابها عديدة · فتحدث اما غيرة او منافسة او عدواً او طمعاً · واما غضباً لله ولدينه واما اخذاً بثار اهانة اولاسباب مالية او اقتصادية وغير ذلك مما يطول سرده

واقدم حكاية في التوراة هي حكاية قتل قايين لهابيل غيرة وحسداً من اخيه والتوراة مشحونة باخبار الحروب والقتال حتى ان القبائل كانت تفني بعضها بعضاً لايرحمون صغيراً ولا كبيراً يسبون النساء ويهتكون البنات ويعذبون الاسرى ويستولون على جميع ما تملك ايديهم · وخلاصة الكلام ان الحروب كانت قديماً وحشية كاخلاقهم وطباعهم وكانت المعارك عبارة عن مجازر

ومن الغريب ان الخطوة الاولى في مدنية الحرب كانت استرقاق الاسرى وهو كما لايخفى يعد عاراً في هيئتنا الاجتماعية الحاضرة ومحرمٌ في شرائع المتمدنين

هذا وقد اختلف العلماء والباحثون بهذا الفن في شرعية الحروب وظلمها في مدنيتها ووحشيتها فنسب لها قوم جميع آفات البشر دينياً وادبياً ومادياً وعارضهم آخرون بانه اذا كان للحرب مضار فلها فوائد وادعوا انها عنصر من عناصر التمدن والترقي

والفوضويون والاشتراكيون في مقدمة المطالبين بالغاء الحرب حتى انهم لايخشون من المجاهرة بالهزء بالوطنية · وقام منذ ستين سنة تقريباً فحول من الكتبة في اوربا واميركا يحثون الامم على ترك المقاتلة والغاء المحاربة ويشيرون بتشكيل جمهورية اوربية عامة مؤلفة من جميع الامم والشعوب وانشاء محكمة دولية تحل ما ينشأ من الخلاف والمشاحنات بطرق التوسيط والتحكيم · فعقدوا مؤتمرات وجمعوا جمعيات والقوا خطباً رنانة فبقيت الدول صامتة الى عهد قريب وآخر ماظهر من صدى تلك

المساعي مؤتمر السلم الذى عقد اخيرًا في لاهاي اجابة لاقتراح جلالة نقولا الثاني قيصر روسيا ولكن لسوء الحظ لم ينفرط عقد ذلك المؤتمر حتى نشبت الحرب الحاضرة في الترانسفال

ومن الذين امتازوا بمقاومتهم للحرب إميل دي جيراردين الكاتب الفرنساوي ومن اقوالهِ « الحرب هي القتل والسلب تعلمها الحكومات للشعوب · هي القتل والسلب يكللها الفخر وتنصب لها قبب النصر عوضًا عن انصبة القطع » وقال بولنتكلي « ولئن كنت اقدر الشجاعة قدرها واعجب بثبات جأش الرجال في حومة الوغى واعترف ان الحرب تظهر فضائل الانسان فترفعهُ الى مصاف الابطال — لا يسعني الاَّ ان انظر من جهة اخرى الى مباغضة الانسان وغريزتهِ الوحشية وكرههِ لقريبهِ وسعيهِ في اهلاكهِ وسلب مالهِ ثم اتامل في عذاب اولئك المساكين وافكر في حالة العيال وخرب الاموال وتعاسة الالوف من الناس وشقاء ملايين من الابرياء · وما صدى هتاف الظفر عندي الاَّ بمثابة عواء الذئاب المفترسة او زئير الاساد الكاسرة · ولكن وا أسفاه لايمكني ايضًا الاَّ الاعتراف بان نار الحرب تظهر قدرة الشعوب وتساعد على تأييد الحقوق المهضومة فهي ولئن كانت ليست اقصى مايتمناه الانسان ولكن ما الحيلة وهي لازمة لتأييد الانسانية »

وكتب مولتك في ١٠ فبراير ١٨٨١ الى المسيو كو باريف « ان كل حرب مهما كانت ظافرة فهي ويل على البلاد فلا غرامة مالية او عقارية تعادل حياة الرجال وشقاء العيال »

وقام من جهة اخرى فحول من الكتبة واعاظم الرجال يقاومون احزاب السلم ويعارضونهم في ادعائهم ومنهم القديس اغسطينوس رغماً عن ان الكنيسة هي سلمية بالطبع · ثم دانتي الشاعر الشهير ولوثير المصلح الكبير وباكون والفيلسوف ابنتر ومونتسكيو وغيرهم من الفلاسفة الذين جاهروا ليس فقط بشرعية الحرب بل بالفوائد التي تنتج عنها وادعوا ان الحرب كانت في كل الازمان عنصرًا قوياً للمدنية واستشهدوا على قولهم بفتوحات الاسكندر وحروب الرومان · ونسب غيرهم الى الحروب الصليبية الفضل في دخول علوم العرب وفنونهم الى اوربا وانها هي التي مكنت المواصلات التجارية بين الشرق والغرب ووسعت نطاقها · وذهب آخرون

الى ان الثورة الفرنساوية وحروب نابليون الاول ساعدت على نشر مبادئ الحرية والمساواة واحتج بعض الكتبة على هذا الرأي فقالوا لولم تقع تلك الحروب لحدثت تلك النتائج ببطء ..

وكتب مولتك الى العالم بولنتكلي بان السلم الدائم هو حلم غير لذيذ وان الحرب باعث من الله في الحكم العام تنمو بها اشرف فضائل الانسان كالشجاعة وقهر النفس والامانة نحو الواجبات وتضحية الذات ولولا الحرب لفسد العالم وضاع في مذهب الدهريين والماديين

فينتج مما قدمنا بان الحرب ويل وبلاء لكنها ملاصقة للبشرية واشد الامم ميلاً الى السلم تحتاج احياناً الى الحرب دفاعاً عن حقوقها وذوداً عن حدودها او مساعدة لجارٍ لها او خوفاً من بطش عدو او غير ذلك من الاسباب الداعية اليها وان السلم الدائم من المستحيلات

وفسر العلامة سورل سبب ذلك فقال « لما كانت الامم مختلفة طباعاً واخلاقاً ومتباينة مصالح واميالاً استحالت مطابقة صوالحهم وموافقة منافعهم وائتلاف عوائدهم ولو فرضنا وتم لهم ذلك لانقدت الامم حينئذٍ ميزاتها وضاعت فرائدها وخسرت اخلاقها الخاصة بها . فتقف المدنية وقوفاً تاماً . وبأن هذه الامم مرتبطة بعضها ببعض . فتؤثر هذه المخالفات والمضادات بها نظراً لاستعدادها وفطرتها . ولما كانت كل امة مستقلة عن الاخرى يستحيل للواحدة ان تقهر الاخرى وترضخها لارادتها بالطرق السلمية فيعمدون حينئذٍ الى القوة وتجريد السلاح وهي الحرب . وليست هي الا نتيجة السلم ولا يخفى بان لكل امة حكومة مؤلفة من افراد الشعب وكل منها لها اغراض واهواء وغايات تجرها الى ارتكاب الهفوات والانحراف عن محجة الصواب فتشتعل نيران الحرب بلا داع . والتمدن لم يضعف شيئاً من هذه الاهواء الشديدة ولكنه غير محورها وبدل اسبابها كما سيجيء

القسم الاول

﴿ في الاختلافات والمنازعات بين الدول وطرق حلها ﴾

تنشأُ الاختلافات بين الدول وتحدث المنازعات بين الامم اما عن مس حقوق وهمية او حقيقية وإما لتعرض احداها لمصالح الاخرى او خوفًا على استقلالها او صونًا لشرفها · وهذا التعرض يقع اما رأسًا من حكومة الى اخرى او تحويلاً من طرف حكومة نحو فرد من افراد رعية تلك الدولة

ومن البديهي ان من حقوق كل دولة واول واجباتها السهر على مصالحها والدفاع عن حقوقها منعًا للدول الاخرى من التعرض لها في امر من هذه الامور

ومن المبادىء الاولية المقررة تكليف كل دولة الابتعاد عن كل عمل غير شرعي نحو دولة اخرى ثم احترام حقوقها وعلى الاخص الحرص على مس شرفها · فاذا وقع شيء من ذلك وجب عليها التعويض بلا ابطاء ولا امهال

ولكن لسوء الحظ ليس لتلك الواجبات حدود معروفة ولا لتلك الحقوق قوانين موضوعة ولا محكمة عليا تفصل ما ينشأُ من الاختلافات فيما بينها ولا قاضٍ عام عادل للحكم والتنفيذ · فاصبحت كل دولة مضطرة بالطبع ان تقضي لنفسها بنفسها تبعًا لغاياتها وتنفذ حكمها بقوة ساعدها

ولا بد من التمييز بين الاختلافات الشرعية والمنازعات السياسية التي كثيرًا ما تحدث من مجرد تضارب المصالح المادية · وقد يكون الخطأ بسيطًا فيعدونه خرقًا للحقوق · فالحكومات كالاشخاص تخلط بين حقوقها ومصالحها تبعًا للاغراض والاحوال وقد تنتحل اسبابًا ظاهرية واكثر الحوادث التي تبعث اليها تلك المنازعات السياسية ليست في ايامنا هذه الاّ نتائج التضاد اما ادبيًّا كالدين وإما اقتصادياً او ماليًّا وهو الاكثر

والوزراء في عصرنا الحاضر اصبحوا في الغالب اكثر ميلاً الى المسالمة ما الى الحرب نظرًا لعظم المسئولية · والملوك ورؤوس الحكومات اكثر ميلاً منهم وانما صارت الحرب بايدي الشعوب ومجالس النوّاب فلم تبقَ مسئولية شخصية على احد لان رؤساء

الاحزاب السياسية هم القابضون الآن على ازمة الامم وهم في الغالب آلة في ايدي المتمولين والمحتكرين الذين ايضاً يشترون اهم رجال الصحافة فيدفعونهم الى التهوّر ويخدعون الشعوب ويورّطونهم الى اشهار الحرب . فالمسألة المصرية من اولها الى آخرها مسألة مالية وجميع بلايا مصر نتجت من ذلك . وحرب المكسيك كانت حرباً مالية . واي شاهد اوضح من الحرب القائمة الآن في جنوبي افريقيا بين الدولة البريطانية والبوير سكان الترانسفال ؟ اليست المعادن الذهبية هي السبب الوحيد في اشهارها ؟

وخلاصة الكلام ان السلم الدائم انما هو من قبيل الاحلام والتمدن هو الذي دفع الممالك الاوربية الى سن القوانين وتحديد الواجبات الادبية وقضى على الدول باتباعها والعمل بها قبل العزم على اشهار السلاح . فهي تجنح في حسم اختلافاتها الى الطرق السلمية قبل الطرق الحربية والاّ حكم عليها التاريخ والرأي العام ان حقها ضعيف وانها انما عمدت الى الحرب ظلماً وعدواناً

والطرق السلمية تكون اما بالمخابرات السياسية او بالطرق الشرعية او بعقد مؤتمر او بالتحكيم وهناك ايضاً طرقٌ اخرى سلمية تعرف ايضاً بالطرق القهرية وهي الحجز والحصر برّاً وبحراً

الفصل الاول

الطرق السلمية

اول الطرق السلمية المخابرات السياسية وتكون اما بين وزراء الدولتين او سفيريها او معتمديها واحياناً بين رئيسي الحكومتين مشافهة او مكاتبة . وجرت عادة الدول الاوربية ان تنشر بعض مخابراتها على السنة الصحف تحريضاً للرأي العام وتهويلاً للدولة الاخرى ـ قال العلامة بونفيتس « وهو سلاح خطر لان الصحف كثيراً ما تضل الامم وتقودها الى الخطأ » وقد امتاز البرنس بسمارك عن سائر سياسي عصره في استخدام الصحافة آلة لتنفيذ مقاصده

المؤتمر هو مجتمع يضم معتمدي الدول لحلّ خلاف وقع بينها وهي احسن الوسائل المؤدية الى حسم منازعة والتوفيق بين فريقين او اكثر بدون اهراق

الدماء · وسبب ذلك ان الانسان كثيرًا ما يرضخ امام الحجة والبرهان بدلاً من التهديد والوعيد — والاقرار بالخطأ لا يحط من قدر المعترف بل هو يرفعهُ في اعين العاقلين · وقد حلت المؤتمرات في عصرنا هذا اختلافات عديدة وقررت اموراً مفيدة · ولكنها قد تكون آلة في ايدي بعض رجال السياسة فيغتنمون الفرص لتنفيذ مآربهم الخصوصية · وممن فاز في هذه السياسة كورتشاكوف و بسمارك ضد نابوليون الثالث

التوسط الحبي يركن الى هذه التوسط اذا نشأ خلاف بين دولتين فتتوسط دولة اخرى للفصل بينهما اذا لم يكن هناك علاقة خاصة بينها و بين احداها بحيث تتحزب لها وتتحد معها وتمد لها يد المساعدة سياسياً او حربياً

ويعدّون هذا التوسط شرعياً بخلاف التوسط في شؤون الدولة داخلياً · والتوسط يكون اما بطلب الدولتين او احداها او وفقاً لمعاهدة او حباً لمصلحة نفسها منعاً لحرب يتصل ضررها بها · ويحتمل ايضاً ان يكون رغبة في السلم وتحاباً لاحد الفريقين · وقد يتفق ان ينقلب ذلك التوسط الحبي الى محالفة حربية

و يجب على الدولة المتحابة التي تريد التوسط في خلاف بين دولتين متنازعتين ان تبحث معهما اولاً في ايجاد طريقة للتأليف بين دعوى الفريقين والتوفيق بينهما · ثم ان تبدي رأيها وتقبل نقل الافكار والمخابرات فاذا زال الخلاف وتم الاتفاق وعادت المياه الى مجاريها انتهى توسطها وتمت مهمتها

ولا بد من التمييز بين التوسط والوساطة وان يكن التمييز بينهما صعباً · وكثيراً ما يحدث مثل هذا الغلط في المخابرات السياسية · ومن امثال التوسط الحبي الخلاف الذي نشأ بين فرنسا وبروسيا عام ١٨٦٧ بشأن مسألة لوكسمبورج فعرضت انكلترة توسطها ونتج عنهُ المعاهدة المعروفة بتاريخ ١١ ايار ١٨٦٧ — التي كانت سبباً للاعتراف باستقلال لوكسمبورج وحيادها فهدمت حصونها وقلاعها · وعرضت روسيا توسطها لما اختلفت النمسا وبروسيا قبل حربها الاخيرة فنجح مسعاها

الوساطة هي اهم من التوسط واكثر تأثيراً اذ يحق للوسيط المباحثة والمحاورة ويحق لهُ ايضاً رئاسة تلك المداولة فيفرغ جهده في التوفيق بين المتنازعين ويحق لكل من الفريقين رفض ما يشير بهِ او الاذعان لما يقترحهُ لان مقامهُ ليس مقام قاضٍ ولا حكم · كما انهُ لا يضمن القيام باجراء المعاهدة وتنفيذ بنودها اذا تمت

بوساطتهِ · وخلاصة الكلام ان وظيفة الوسيط هي في غاية الدقة والاهمية لانهُ مكلف بابراز كل ما عندهُ من المعارف السياسية بالحذق والدقة

والوساطة كالتوسط تطلب اما من الفريقين المتنازعين او من احدهما او تعرض عليهما من قبيل دولة متحابة اخرى · ويحق لدولتين او لاكثران تتعاهد على طلب توسيط دولة اخرى عند حصول خلاف بينهما

مثال ذلك — لما طالت حرب القرم ورأت الدول الاوربية اضرار تلك الحرب وخافت اعادتها اتفقت في المؤتمر الذي عقد في باريس عام ١٨٥٦ وقررت في البند الثامن من تلك المعاهدة انهُ « اذا حدث بين الباب العالي ودولة اخرى من الدول الموقعة على هذه المعاهدة خلافٌ يخشى منهُ على حفظ العلائق السلمية يجب على الباب العالي وعلى كل دولة من الدول المذكورة اخطار الدول بذلك والتماس توسطها قبل التعويل على استعمال القوة » ولما وُقعت معاهدة سان ستفانو ١٨٧٨. قلقت اوربا من شدتها قلقاً عظيماً وخصوصاً النمسا وانكلترا فارسلت عمارتها الى البحر الاسود وتهددت الروسية فتوسط حينئذٍ البرنس بسمارك ودعا الدول الاوربية الموقعة على معاهدة باريس الى عقد مؤتمر دولي في احدى العواصم فاذعنت الدول لرأيهِ واختارت برلين مقرًّا للاجتماع وانتخبتهُ رئيساً لذلك المؤتمر فوضعوا المعاهدة المعروفة بمعاهدة برلين

ومن غرائب التلاعب السياسي انهُ قبل ان شبت الحرب المذكورة طلب صفوت باشا من الدول الاوربية وساطتها وفقًا للبند الثامن من معاهدة باريس فاعارت الدول اذنًا صمَّاء واجابت انها تبقى على الحياد · مما يدل على ان السياسيين لا يخافون منكرًا عند غاياتهم السياسية ولا يحترمون معاهدة ولا توقيعاً

ولما حدث الخلاف بين المانيا واسبانيا بسبب جزائر كارولين طلب البرنس بسمارك توسط البابا لاون الثالث عشر بعد ان خفق العلم الالماني على جزيرة ياب وبعد ان اهان الاسبان سفارة المانيا في مدريد فقبل البابا التوسط بين الدولتين وبعد ان فحص الخلاف واطلع على دعوى الفريقين اعترف بحق ملكية اسبانيا واوجب عليها تمييز الالمان بتسهيلات تجارية فقبلت الدولتان هذا الرأي وعملتا بهِ بموجب معاهدة أُبرمت في رومية في ١٧ دسمبر ١٨٨٥ = ويعدُّ بعض المؤلفين في هذا الفن هذه الوساطة من قبيل التحكيم مع ان البابا لم يحكم حكماً بل ابدى مشورة

الفصل الثاني

الطرق الشرعية في التحكيم

التحكيم طريقة من افضل الطرق لحسم الخلاف بين الامم وحل المشاكل السياسية بين الدول . وقد نتج عنها الى الآن فوائد جمة واصبح لها في دستور الدول مقام رفيع لان التحكيم لا يكون الا متى ارتضى الخصمان واتفق الفريقان على حل الخلاف سلمياً قبل الاعتماد على القوات الحربية . وكثيرًا ما لجأت الدول في ايامنا هذه الى التحكيم متى امتنع الوفاق بينها بلا وسيط فتتفق حينئذٍ الدولتان المختلفتان على اختيار حكم يقضي بينهما ويفصل نزاعهما ثم تعمدان الى كتابة صك التحكيم يبين فيه كل فريق دعواه وحقوقه مع تحديد المسائل الشرعية تحديدًا جلياً بينًا واعلان رغبتهما في الاتفاق سلمياً ثم تتعهدان بقبول الحكم مهما كان والرضوخ له والعمل به

ودعاة التحكيم فئة كبيرة بين الكتبة والفلاسفة وارباب العلم وهم يذهبون الى وجوب عرض جميع المسائل السياسية والمشاكل الدولية على مجالس التحكيم ويرون هذه الطريقة من احسن الطرق لكفالة السلم والوقاية من شرور الحرب

نعم ان مؤتمر السلم الذي عقد في لاهاي العام المنقضي لم يقرّر امرًا كبيرًا ولكن التحكيم وحده خطا خطوة تذكر في تاريخ المدنية وذلك ان الدول قررت تأليف مجلس دائم للتحكيم وانتخبوا « لاهاي » مقرًّا له واجازوا لكل دولة ان تنتخب اربعة من معتمديها يكونون اعضاء في هذا المجلس لمدة ست سنوات وتقرّر انه اذا حدث خلاف بين دولتين اختارت كل منهما عضوًا او اكثر من اعضاء ذلك المجلس الكبير لتحكم بينهما وقد كان الغرض ان يجعلوا التحكيم اجبارياً ولكن انكلترة والمانيا رفضتا هذا الرأي فلم يعمل به

والتحكيم لا يكون غالبًا الا في الاختلافات الشرعية او الحقوقية كتحديد ارضٍ او حجز مركب او حق صيدٍ او اتجارٍ او دفع غرامة او خرق معاهدة او دفاع عن بعض الامتيازات السياسية او القنصلية او نحو ذلك من امثال هذه المسائل التي لا مساس لها بشرف الدولة ولا تحط من قدرها او تضعف سلطتها لان هذا مما يعسر التحكيم فيه ولا نظن في العالم محكمة يمكنها حسم النزاع القديم بين فرنسا وانكلترا او بين المانيا وفرنسا

في اختيار المحكمين لا توجد قاعدة عمومية لاختيار المحكمين وتحديد عددهم فلكل من الفريقين الحرية التامة في اختيار من يشاء · وقد جرت العادة ان يختارهم الملوك ورؤساء الحكومات ولهم بالطبع حق استشارة من يشاؤون من رجالهم ووزرائهم وكبار ساستهم الذين يثقون بعلومهم السياسية ومعارفهم الشرعية اذ لا يتأتى للملوك في الغالب درس تلك المسائل وليسوا كفوءا لحل الغوامض الشرعية

ويجوز ايضاً اختيار المحكمين من الوزراء والسياسيين وعلماء الشرع والقانون او هيئة مجلس او كلية حقوقية وما شابه ذلك · فانهُ لما اشتد الخلاف بين انكلترا وفرنسا على حق الصيد في البقاع الجديدة حكّمت الدولتان كلاًّ من المسيو مارتنس استاذ علم الحقوق في كلية بطرسبورج والمأسوف عليهِ المسيو ريفيه قنصل جنرال سويسرا في بروكسل واستاذ الحقوق في كليتها · واختارت جمهورية نيكاريكا مجلس تمييز فرنسا حكماً للخلاف بينها وبين الجمهورية الفرنساوية نفسها · ولا يحق لاحد المحكّمين توكيل سواه لان الاختيار انما وقع عليهِ ثقة بعلمهِ ونزاهتهِ الشخصيتين

وسلطة المحكمين تكون تبعاً لصك التحكيم · ووظيفتهم ليست وظيفة موسطين ولهذا لا يمكنهم اجبار احد الفريقين على قبول التسوية وانما يحق لهم عرضها فان قبلت كان بهِ والاّ وجب عليهم اصدار حكمهم مبنياً على الحقوق المقررة وحجج الفريقين وبراهينهما

ويمكن ايضاً تخويل المحكّمين فصل الخلاف باجمعهِ فصلاً نهائياً · مثال ذلك · لما نشأ النزاع بين انكلترا والبورتغال بشأن خليج دالوكا المعروف ايضاً بلورانس ماركس في شرقي افريقيا (وقد لهجت الجرائد بذكر هذا الخليج في هذه الايام الاخيرة بسبب حرب الترانسفال) اجمعت الدولتان على تحكيم المارشال ماكماهون وكان رئيساً للجمهورية الفرنساوية وخوّلتاهُ حق فصل الخلاف نهائياً فاصدر المارشال حكمهُ في ٢٤ يوليو ١٨٧٥ واعطى الحق لدولة البورتغال

ومتى صدر حكم المحكمين وجب على الفريقين الرضوخ لهُ والعمل بهِ باستقامة وشرف لانهما قد تعهدا بذلك ورضيا بهِ · واذا كانت الدولة دستورية وحكومتها نيابية وجب عليها عرض صك التحكيم على مجالسها للمصادقة عليهِ والاّ انقلبت الغاية وضاعت الفائدة · ويحق احياناً لاحد الفريقين رفض الحكم اذا كان فاسداً في مقدماتهِ ساقطاً في نتائجهِ او لعدم سماع شهادة ما او اذا حدث تلاعب او رشوة وهذا

نادر جداً . ويذكر بارباك مع ذلك ان لاون العاشر اختير حكماً بين الامبراطور مكسيمليان ودوج فينسيا فاتفق سرّاً مع كل من الدولتين

وكان التحكيم كثير الشيوع قديماً فاختيرت رومية مراراً حكماً بين الامم وكثيراً ما اختارت الجمهوريات الايطالية كلية بولونيا الحقوقية حكماً في مختلفاتها واختير مجلس شيوخ مدينة هامبورغ في عصرنا هذا حكماً للخلاف الذي نشأ بين انكلترا والبورتغال

وفي الجيل التاسع عشر كثر التجاء الدول الى طريقة التحكيم لما نتج عنها من الفوائد نكتفي بذكر اهمها واقربها تناولاً خوف الاطالة والملل

حكم اسكندر الاول قيصر روسيا في الخلاف الذي نشأ بين انكلترا والولايات المتحدة عام ١٨٢٢ بخصوص خلافهما في نص معاهدة كاند

واقيم ملك بروسيا حكماً بين فرنسا وانكلترا في خلافهما بشأن حجز مراكب انكليزية في شواطيء السنغال عام ١٨٤٢

وحكمت الملكة فيكتوريا في النزاع الذي نشأ بين فرنسا والمكسيك

واهم مسألة تحكيمية هي المعروفة بمسألة الالباما بين انكلترا والولايات المتحدة وكان السلم بسببها في خطر عظيم مدة طويلة . وسبب ذلك انه لما نشبت الحرب بين ولايات الشمال وولايات الجنوب سلحت ولايات الجنوب سفناً حربية في شواطيء انكلترا منها سفينة الالباما التي اضرّت بسفن ولايات الشمال ضرراً كبيراً ولكنها ما لبثت ان أُسرت فاقامت الولايات المتحدة الحجة على انكلترا بانها خرجت عن حيادها وطال الجدال واحتدم النزاع بين الفريقين وصعب التوفيق بينهما فعرضت الولايات المتحدة التحكيم فرضيت انكلترا به وعقد مجلس تحكيمي في جنيفا فاصدر الحكم على انكلترا واجبرها على دفع غرامة باهظة فامتثلت للحكم وعملت به

ويذكر القراء الخلاف الذي نسمع بذكره احياناً في الجرائد بخصوص صيد الفقمة في مياه بحر بهرين وما نشأ عنه من الخلاف بين انكلترا والولايات المتحدة وكانت هذه قد منعت الصيادين الاجانب عن صيد هذا الحيوان ولو كان خارجاً عن مياهها وكيف قبضت على سفن انكليزية ساقتها الى مرافئها وادّعت بعدالة هذا القبض مما اوجب كدر انكلترا وغيظ صحافيها فاشتد الخلاف بين الحكومتين وعجزا عن فصله حبياً فاتفقتا على انتخاب مفوّض تحكيمي مؤلف من معتمدين انكليزيين واثنين من الولايات

المتحدة وآخر ايطالي ومعتمد اسوجي تحت رئاسة البارون دي كورسيل سفير فرنسا في لونده . فاجتمع ذلك المفوض في باريس واصدر حكمه عام ١٨٩٣ فاعطى الحق لانكلترا ودفع ادعاآت الولايات المتحدة

وخلاصة الكلام ان التحكيم افضل طريقة لحسم المنازعات بين الدول اذا كانت شرعية ولكن هناك مسائل في غاية الدقة لا يمكن لاحد التوسط في حلها اذ الحكومات كالاشخاص لا يمكنها تفويض سواها لصون شرفها والذود عن حقوقها وعرضها

الفصل الثالث

الطرق القهرية

اعتادت الدول الاوربية اتخاذ طرق اخرى تسمى قهرية متى ضاقت ذرعاً عن حل اختلافاتها بالطرق السلمية التي تقدم ذكرها وعجزت عن الاتفاق فيما بينها حبياً والطرق المشار اليها اربع هي المقابلة بالمثل والاقادة وحجز المراكب والحصار السلمي

المقابلة بالمثل هي ان تتخذ الدولة نفس الطرق التي تتخذها دولة اخرى نحوها او نحو رعاياها . مثال ذلك . اذا وضعت احدى الدول قانوناً جديداً مخصوصاً ضد رعايا دولة اخرى يمس بتجارتهم او يضرّ باموالهم او زادت عليهم الضرائب الجمركية اورسوم تذاكر المرور او غير ذلك من مثل هذه الامور حق للدولة الاخرى مقابلتها بمثل ذلك عملاً بالحكمة المأثورة « ان الجزاء الحق من جنس العمل»

ولا يخفى ان اختلاف شرائع الدول داخلياً لا يوجب اتخاذ طريقة المقابلة المشار اليها الأن شرائع الارث مثلاً تختلف في اكثر البلدان فللذكر عند بعضها حق الاثنيين وعند غيرها المساواة تماماً وعند اخرى للبكر من البنين ان يرث القسم الاكبر من المال . فمثل هذه الاختلافات لا تدعو الى المقابلة بالمثل لانها امور خاصة باخلاق وعوائد الامم لاحقة بهم

على ان السياسة تقضي على الدول بالمخابرة والمفاوضة قبل الاعتماد على تلك المبادلة لما فيها من الضرر والخسائر الجمة فاذا فشلت جاز لها المقابلة حقاً وعدلاً . واغلب ما تكون هذه المقابلات في التعريفات الجمركية

الاقادة اذا لحق دولة ما ضرر اومس كرامة او اهانة من دولة اخرى او من احد رعاياها حق لها النزوع الى قوة قهرية جبرية تقتضي بها حقوقها او تدفع الاهانة التي لحقت بها

ولما كانت كل دولة مسئولة عن عمل كل فرد من رعاياها تجاه الدول الاخرى وجب عليها اذا وقع من قبل احد رعاياها اهانة ما أن تعوض تلك الاهانة وتعتذر عنها . فاذا رفضت اصبحت هي المسئولة لان الدول المهانة لا يمكنها طلب التعويض من ذلك الفرد بل من دولته ورجال حكومته

والاقادة تختلف باختلاف اهمية العمل وباختلاف الاحوال وتباين اخلاق الامم وعاداتهم ولكنها لا يجب ان تكون الاَّ في سبيل الدفاع مع احترام الحقوق الدولية والمعاهدات المرعية والاَّ عدَّت ظلمًا وعدوانًا

ولا تكون الاقادة في الغالب الاَّ عملاً حربياً وكثيرًا ما تتخذها الدول القوية ضد الدول الضعيفة . وقد امتازت الدولة الانكليزية في صرامتها بهذا الشأن

وتقوم الاقادة احيانًا بحجز البضائع الخاصة برعايا الدولة الاخرى او بحجز اثمانها المستحقة او بضبط املاكهم . ولا يخفى ما في هذه الطريقة من الاجحاف لانها في الغالب لا تضرُّ بالمذنبين ولا تمسُّ حكومتهم بل تكون ضررًا ووبالاً على بعض الابرياء . واشهر حادثة في هذا الموضوع وقعت عام ١٧٥٣ اذ اسرت بعض المراكب الانكليزية سفنًا بروسيانية وادعت الحكومة الانكليزية بعدالة الاسر فأقر فردريك الثاني ملك بروسيا يومئذٍ على ايقاف دفع ديون الانكليز لعجزه عن الانتقام بطريقة اخرى ولا يخفى ما في ذلك من الاجحاف

وتكون الاقادة ايضًا بقطع العلائق التجارية والمخابرات التلغرافية وسد المواصلات . او بنفي رعايا تلك الدولة او بتوقيف مأموريها او بالغاء المعاهدة والامتيازات التي تعود بالفائدة على رعاياها . وتكون ايضًا بالاستيلاء على بعض تجارتها ومرافئها . والاقادة عادة قديمة كادت تزول في ايامنا هذه

حجز المراكب « الامبارگو » الامباركو كلمة اسبانية معناها امساك المراكب وهي عبارة عن حجز المراكب وضبط شحنها وتوقيف رعايا الدولة الاخرى عليها وهي عادة قديمة ويغلب ان تكون رائدة الحروب

ولكنها تبدلت في ايامنا وصارت الدول تعطي المراكب الخارجة والداخلة الى مرافئهنّ مهلة كافية للخروج من مياه الدولة او لتفريغ شحنها · وقد بدأ بتعديل هذه الطريقة كل من فرنسا وانكلترا وروسيا إبان حرب القريم وحدث ذلك ايضاً في الحرب السبعينية بين فرنسا والمانيا

ويجوز امساك المراكب وحجزها اذا كانت في عرض البحار على ان لا تكون في مياه دولة اخرى· واما اذا انتهى الخلاف سلمياً فتعاد الامتعة المحجوزة الى اصحابها واذا تقررت الحرب عمل تبعاً لقواعدها كما سيجيء في بابه

ومن امثلة هذا الحجز ما حدث في عهد كرومويل لما اسر بعض الفرنساويين مركباً انكليزياً فاعطى كرومويل الى الكاردينال مازرين وزير فرنسا يومئذٍ مهلة ثلاثة ايام للتعويض فلما انقضت امر باسر بعض المراكب الافرنسية ثم امر ببيعها فدفع للتاجر ما لحقه من الخسارة واضطر وزير فرنسا بان يكون الفائض من البيع رهينة امره · · ·

﴿ الحصار السلمي ﴾ اخترع ساسة هذا العصر طريقة قهرية جديدة سموها الحصار السلمي · وغايته منع المواصلات بين شواطيء المملكة بدون اشهار الحرب · ولم يقع هذا الحصار الاّ من الدول القوية ضد الدول الثانوية او الضعيفة اما تهويلاً عليها او لاجبارها على القيام بامر او منح امتياز او غير ذلك · ويكون هذا الحصار على انواع فاما ان يكون منعاً لعبور المراكب وخروجها من مرافئها مع الترخيص بوقت واحد لسائر السفن الاجنبية بالعبور او منعها جميعاً بلا استثناء ولكن على شرط ان ترد السفن لاصحابها بعد رفع الحصار

واول حصار سلمي معروف في التاريخ حدث ضد الدولة العثمانية عام ١٨٢٧ ابان الحرب المعروفة بحرب المورة اذ ارسلت كل من فرنسا وروسيا وانكلترة اسطولها فحاصرت شواطيء المملكة العثمانية منعاً للاتصال بين جنودها وجيش ابراهيم باشا المصري وحجزت الاسطول العثماني في خليج نافارين · فكانت نتيجة ذلك الحصار السلمي · · · كذا · · · المعركة الحربية الهائلة المعروفة بذلك الاسم

وعام ١٨٢٨ حاصرت كل من فرنسا وانكلترة شواطيء الجمهورية الفضية ودام الحصار عشر سنوات متوالية

وحاصرت انكلترة شواطيء اليونان عام ١٨٥٠ احباراً لها على دفع غرامة حربية لاحد

تجار الاسرائيليين وكان برتغالي الاصل ولكنهُ حماية انكلترة اسمهُ باسيفيكو وقد ادّعى ان قد تعطل لهُ في املاكهِ على اثر فتنة حدثت ما ينيف على عشرين الف ليرة استرلينية فرفضت اليونان دفع تلك الغرامة الباهظة فارسلت انكلترة اسطولها وحصرت شواطىء اليونان باسرها حصارًا شديدًا

فاحتجّ الكونت نسرلود وزير خارجية روسيا على هذا الحصار وتوسطت فرنسا فلم تفلح ثم تقرّر اخيرًا اجراء التحقيق فثبت لليهودي مائة وخمسون ليرة فقط فدُفعت لهُ . . .

واقترح غلادستون عام ١٨٨٠ على الدول الاوربية حصر ازمير حصارًا سلميًا لجبر الدولة العثمانية على التنازل عن مدينة دولشينو الى الجبل الاسود فرفضت الدول هذا الاقتراح ولكنها ارسلت سفنها فالقت مراسيها امام دلشينو نفسها

وحاصرت الدول الاوربية ما عدا فرنسا شواطىء اليونان عام ١٨٨٦ لمنعها من التحرش بالدولة العثمانية وسحب جنودها عن حدودها . وكان الحصار فقط على مراكب اليونان . فاغتنمت المراكب الاخرى تهريب المواد الممنوعة

وقد اختلف علماء هذا الفن في شرعية هذا الحصار ورفقهِ كما اختلفت الدول في كيفية اجرائهِ . فالدولة الفرنساوية لا تحجز عادة مراكب الدول المحصورة بل تكتفي بحجز المراكب الاجنبية فقط بخلاف انكلترة التي تحجز سفن الفريقين بلا استثناء . . .

والحقيقة هي ان الحصار السلمي ليس الاّ عملاً حربيا مموّهًا بالسلم يتجنبون بهِ خطر الحروب

واليك خلاصة ما قرّرهُ مجمع حقوق الدول في مؤتمر عقد في مدينة هيدلبارج عام ١٨٨٧ برئاسة الغراندوق دي باد . قرّر مبدئيًا بان الحصار السلمي مطابق لحقوق الدول على ثلاثة شروط . ١ً ان يعطى للمراكب الاجنبية حرية العبور والخروج من الشواطىء المحصورة ٢ً تبليغ الدول رسميًا زمن وضع الحصار مع حراستهِ حراسة كافية ٣ً يجوز حجز سفن الدولة المحصورة شرط ردّها بعد رفع الحصار بدون دفع غرامة حربية

القسم الثاني

الفصل الاول

الحرب

ذكرنا في تمهيد هذا الكتاب تحديد الحرب واقوال العلماء وفحول الخطباء فيها . فلا حاجة الى الاعادة

اما السلم فهو الاتفاق المتبادل بين الدول واحترام حقوقها ومعرفة واجباتها المتبادلة . فكل عمل يمس احد تلك الحقوق يولد اختلافاً ويسبب نزاعاً . وقد ذكرنا فيما تقدم الطرق السلمية والشرعية والسياسية والقهرية التي يمكن بها حسم الاختلافات الدولية قبل الجنوح الى القوى الحربية . فاذا عجزت جميعها عن حلها وقصرت عن بلوغ تلك الامنية لم يبق الأ طريقة واحدة لحسمها . ألا وهي الحرب . .

وهذا امرٌ طبيعي طالما تعذر وجود محكمة عليا تفصل الاختلافات الدولية او مسيطر له سلطة الحكم وقوة التنفيذ . فلم يبق والحالة هذه على الدول الأ الاستعانة بقواها واستصراخ شعوبها لتأييد حقوقها وصون شرفها

شرعية الحرب قسم مؤلفو هذا الفن الحرب الى شرعية وغـير شرعية وكان الرومان قديماً يحكمون في هذه المسألة حكماً باتاً . اما في ايامنا هذه فليس لهذا التقسيم اهمية كبرى في السياسة وانما اهميتها تاريخية ادبية . لان نتائج الحرب واحدة كيفما كانت اسبابها . وجميع الذين كتبوا بهذا الموضوع اقرّوا بشرعية الحرب وعبر مونتيسكيو عن اقوالهم في كتابه روح الشرائع — حيث قال

« حياة الدول كحياة الاشخاص فاذا حق للرجال القتل دفاعاً عن انفسهم حق للدول اشهار الحرب حرصاً على حياتها »

عدالة الحرب تسمى الحرب عادلة اذا كانت دفاعاً عن استقلال أو حرصاً على حرية او صوناً لشرف او حفظاً لامنية ويزعم البعض ان الحرب تكون عادلة اذا كانت دفاعية وتسمى ظالمة اذا كانت هجومية . ولا يخفى ما في هذا التحديد

من الشطط لما يعرض للمؤرخين من المغالط والاوهام . اذ الشواهد التاريخية في ايامنا هذه كثيرة وهي تبرهن لنا ان الساسة الراغبين في الحرب كثيرًا ما يحرشون باخصامهم ويدفعونهم الى العداء بنكاية وحقارة حتى يجروهم اضطرارًا الى اشهار الحرب ليظهروا للورى انهم ليسوا الاَّ مدافعين عن انفسهم

والحرب السبعينية بين فرنسا والمانيا اعظم شاهد على تلاعب الساسة ودهائهم . فان جميع المؤرخين الذين كتبوا في اسباب الحرب السبعينية اتهموا الدولة الفرنساوية بالهجوم ونسبوا اليها سبب تلك الحرب ولم تنجلِ الحقيقة حتى اقر البرنس بسمارك لأحد الصحافيين عام ١٨٩٢ بانهُ زوَّر قصدًا او عمدًا رسالة مليكهِ غليوم الاول وهي الرسالة البرقية المعروفة برسالة أيمِسَ وكانت غايتهُ اهاجة الشعب الفرنساوي وحمل نابوليون الثالث على اشهار الحرب فكان كما اراد . ثم عاد بسمارك وذكر الحكاية تفصيلاً في مفكراتهِ التي نشرت اخيرًا بعد وفاتهِ . ونظرًا لاهمية هذه الحادثة التاريخية استسمح القراء عذرًا في تلخيصها فكاهةً وافادةً

قال بسمارك بعد ان ذكر كدره من تساهل ملكهِ نحو سفير فرنسا « عزمتُ على الاستقالة من منصبي فدعوت المارشال مولتك وروون لمناولة الطعام عندي في (١٣ تموز) وبينما نحن على الطعام اذ جاءني ساعٍ واخطرني بوصول رسالة برقية بالارقام ممضاة من مستشار الملك الخاص في ايمس فأمرت بحلها سريعًا . ثم جاءني بها فلما قرأتها على مسامع ضيفيَّ علت على وجهيهما ملامح الكآبة من ضعف الملك نحو سفير فرنسا بعد ان تجاوز الحد في تحفزهِ وانقطعا عن الطعام والشراب . اما انا فاستعدتُ قراءة تلك الرسالة مرارًا وكان الملك غليوم قد اذن لي بنشرها . فأخذت للحال قلمًا وحذفت منها جملاً وابقيت اخرى فانقلب تأثيرها انقلابًا تامًا ثم التفتُّ الى المارشال مولتك والقيت عليهِ مسائل مختلفة تتعلق بتفوق جيوشنا ونتيجة الحرب ومهامنا واذا كان الاولى بنا التربص والامهال ريثما نكمل استعدادنا . فاجابني للحال بانهُ اذا كان لا بد من الحرب فالاولى بنا السرعة اذ كل مماطلة تجرّ علينا اخطارًا . فقرأت حينئذٍ عليهما الرسالة منقحة فابرقت اسرتهما وقالا (قد تغيرت نغمتها الآن) فقلت (ستصل هذه الرسالة الى باريس قبل نصف الليل وسيكون تأثيرها على الثور الفرنساوي كتأثير الراية الحمراء ونجاحنا يتعلق كثيرًا بوقع اشهار الحرب علينا

اذ يهمنا ان تبدأ فرنسا بالعدوان حتى نعلن لاوربا باننا لسنا الاّ مدافعين ...) فسرّ مولتك بذلك سرورًا عظيماً ثم ارسل نظره الى السماء باسماً وصاح (اذا قدّر لي البقاء لاقود جيوشنا في هذه الحرب فالى جهنم النار هذه العظام) وقرع صدره بكلتا يديه » ا ه

فيظهر جلياً ان هذا الداهية هو الذي رغب في الحرب وهو الذي هيأها وحمل فرنسا على اشهارها · ولو لم يعترف بتزوير هذا لظل المؤرخون ينسبون السبب في ذلك الى فرنسا

وأي شاهد لدينا اعظم من حرب الترانسفال الحاضرة فان انكلترة هي التي رغبت بها وما زالت تحرش بالترانسفاليين حتى اضطرتهم اخيرًا الى اشهارها · ولما طلب كروجر وستاين السلم من اللورد سالسبوري كان جوابه انهما البادئان بالعدوان ... فتأمل

﴿ تقسيم الحروب ﴾ يقسمون الحرب ايضًا الى هجومية ودفاعية وليس لهذا التقسيم اهمية ولا دخل في حقوق الدول وانما اهميته متعلقة بفن تعبية الجيوش وتدريب حركات الجند على ان جميع شرائع الحرب الدولية يجب ان تبقى محفوظة هجومية كانت او دفاعية

ويقسمونها ايضًا الى شرعية وسياسية فالاولى اذا كانت من اجل ارث او تنفيذ حكم · والثانية اذا كانت لتوحيد كلمة الامة او استقلالها او لافتتاح او لاستعمار او موازنة سياسية · وتقسم ايضًا الى دينية ووطنية وغير ذلك مما يطول شرحهُ

والحروب الدولية هي التي تنشب بين الدول والامارات المستقلة وتكون تبعًا للقواعد المعروفة في حقوق الدول · اما الحروب الاهلية فلا تدخل تحت هذه القواعد اذ الحكومات لا تعتبر الذين يشقون عصا الطاعة الاّ عصاة او ثوّارًا فيعاملون بمثل ذلك

﴿ الحروب البرية والبحرية ﴾ تختلف قوانين الحرب البرية عن البحرية فهي اشد صرامة واكثر توحشًا · وسبب ذلك ان مجال الحروب البحرية افسح من المواقع البرية اذ لديها عرض البحار باجمعه ميدانًا للعراك فضلاً عن تباين معدات القتال · فتنحصر اضرارها في تعطيل سفن المراكب التجارية وهدم الحصون وتدمير القلاع واتلاف الاساطيل وسيجيء تفصيل ذلك في بابه

﴿ حق اشهار الحرب ﴾ ليس لجميع الحكومات والامارات الحق في اشهار الحرب ولكن ذلك خاص بالدول المستقلة هجومية كانت او دفاعية . وليس في ايامنا هذه حرب بين الافراد او بينهم وبين الحكومات فقد ذهبت هذه العادة بذهاب القرون الوسطى

فاذا تعدى فرد او افراد في هجوم او استيلاء حقّ الحكومات معاملتهم معاملة اللصوص والقرصان ولا يجب عليها حفظ قوانين الحرب المعروفة . مثال ذلك . لما فاجأ الدكتور جيمسون وعصابته جمهورية الترانسفال عام ١٨٩١ ووقع اسيرًا فلو ارادت الحكومة الترانسفالية الحكم عليه بالاعدام لحق لها ذلك شرعًا . اما هي فاكتفت بتسليمه الى حكومته لمجازاته . . . كذا . . ولا يحق ايضًا للشركات التجارية او للجمعيات او البعثات حق اشهار الحرب الّا اذا كانت مفوضة من حكوماتها بذلك كما فوضت الدولة الانكليزية الشركة الهندية المشهورة التي كانت سببًا لافتتاح الهند سنة ١٧٧٣

والامارات المستقلة لا حق لها مبدئياً باشهار الحرب وانما يحق لبعضها ذلك اذا كان مشروطًا في معاهدات بينها وبين متبوعيتها

مثال ذلك . الترانسفال ومصر وبلغاريا وغيرها . فقد كان للترانسفال حق الحرب هجومًا ودفاعًا ولكن لما اشهرت الحرب الحاضرة على انكلترة عدّتها عاصية ولم تعترف لها انكلترة بحقوق الحرب الدولية الّا بعد المعارك الاولى . ومصر حاربت طويلاً في افريقيا . ولما اعتدت السرب على بلغاريا وتحرشت ارسلت بلغاريا الى الباب العالي في ١٦ نوفمبر ١٨٨٥ بلاغًا تقول فيه انهُ لا يحق لها اشهار الحرب عن جيرانها نظرًا لكونها تابعة للدولة العثمانية

واذا كانت الدول محايدة كسويسرة وبلجيكا يحق لها اشهار الحرب اذا كانت دفاعية عن حقوقها او عن شرفها ولكن اذا كانت هجومية عرضت استقلالها لخطر الزوال

وحق الحرب في الحكومات المتحدة للمجلس الاعلى ولا يحق لولاية اشهار حرب ما ضد أحد اجنبياً كان او داخلياً

فاذا وقعت حرب بين ولايتين عُدّت حربًا اهلية ولكن اذا كانت الدولة مؤلفة

من دول صغيرة مستقلة كالدولة الالمانية مثلاً فان الحق في اشهار الحرب الاجنبية للامبراطور فقط . وانما اذا تحاربت دولتان منها عُدّت حرباً دولية وليست اهلية .
واذا حدثت حرب بين النمسا والمجر او بين اسوج ونروج (وهذه الحرب لا بدّ منها آجلاً كان او عاجلاً) عُدّت حرباً اهلية ولكن يصعب على الدول المحايدة اعتداد احداها عاصية على الاخرى او أن تعترف لفريق دون الآخر بحقوق الحرب
والحضرة البابوية ولئن كان لها حق السلطة فليس لها حق الحرب اذ لا مملكة لها ولا جنود لديها
واذا حدثت حرب اهلية او حصل انشقاق في دولة وقامت طائفة على اخرى وتمكنت من الاستيلاء على قسم من المملكة كان للدول المحايدة الخيار في اعطاء اولئك المنشقين حق الحرب بدون ان يدعو ذلك الى مساس حق الحكومة الاصلية مثال ذلك لما حدثت الحرب الاهلية في الولايات المتحدة اعطت فرنسا وانكلترة لكل من الفريقين حق الحرب رغماً عن اعتراض الحكومة الاصلية

الفصل الثاني

شرائع الحرب

لما كان العدوان طبيعياً في الانسان والحرب لاحقة بالبشرية والعمران كما ذكرنا وجب على المتمدنين من الاقوام وضع قوانين فرعية يعمل بها وترتيب نظامات يرجع اليها تخفيضاً لويلاتها وتعديلاً لمصائبها وبلائها . ولرب معترض يقول وكيف يكون ذلك والحرب هي القوة الوحشية تحل محل العدالة والبطش الذي يقود القوي الى الظفر وتدفع الضعيف المغلوب الى الانقياد له صاغراً
نعم ان الحرب هي الاستنجاد بالقوة ولكن ليس الى قوة ناشئة بلا ربط ولا قيد ولا شفقة ولا حنان اذ الغاية من الحرب هي الظفر فكل طريقة تودي اليها فهي محللة ومباحة وكل قوة تستعمل لا تؤدي الى تلك الغاية ولا تدعو اليه تعد محرمة ومحظورة
اذاً للحرب قواعد مبنية وقوانين مسنونة وحقوق مرعية وشرائع معروفة .

وحقوق الحرب وقواعدها ظهرت اولاً في القرون الوسطى في عهد الكافيليري (Chevalerie) فاخذت تنمو بنمو المدنية والعمران عند الامم والشعوب في ذلك العهد فلما وجدوا ان الحرب لا بد منها وان الغاءها من الامور المستحيلة رأوا من باب الصواب تعديل عادتها الوحشية التي كانت ابادة الخصم وامحاء اثر العدو واستئصال شافته من الكون — والاكتفاء فقط بقهره الى حد ان يعجز عن المقاومة · فوضعوا لذلك قواعد تعاهدوا على احترامها وسنوا قوانين عملوا بموجبها فاخذت تلك العادات بالارتقاء وتلك القوانين بالانتظام وتقلبت من طور الى اخر حتى عمت الدول المتمدنة ثم صارت واجبات ثم تحولت الى حقوق حتى انتهت بشرائع دولية عامة

ولم يتم كل هذا الا في اواخر هذا القرن لأن حروب لويس السادس عشر ونابوليون الاول كانت حروباً شديدة القساوة والشراسة · واما البرابرة والمتوحشون من الاقوام فلا تزال الحرب عندهم كما كانت اي حروب ابادة وملاشاة · وحروب الرومان واليونان تعد ايضاً وحشية · ومن امثال الرومان المشهورة « الويل للمغلوب »

و يقول الاستاذ ريفيه في تأليفه ان الاسبانيين قد اخذوا عن العرب مدنية الحرب وتعلموا منهم الرفق في القتال اذ كانت عوائدهم اكثر مدنية من الاوربيين يومئذ

والدول الاوربية في ايامنا هذه تعود الى الحرب القديمة عند محاربتها امماً وحشية او همجية · فحروب فرنسا مثلاً في الداهوم وافريقيا وحروب الانكليز في الهند وكيفية افتتاح ام درمان والروس في القوقاس وتركستان لم تجرِ تبعاً لقواعد الحرب المتمدنة · وهم ينتحلون لذلك عذراً بان اولئك البرابرة لا يعرفون قدر تلك القواعد بل يعدّونها في اخصامهم عجزاً وضعفاً

وشرائع الحرب الحاضرة قائمة على امرين ومرجعها الى مبدأين · الاول الضرورة اذ الحاجة عندهم تبرر الواسطة عموماً ولكن على شرط الوصول الى الغاية وهي قهر الخصم وقمعه حتى يعجز عن المقاومة · والمبداء الثاني مراعاة حقوق الانسانية والمدنية يعني يجب ان تحصر الحرب بين جيشي الدولتين المتحاربتين فقط بدون ان تتناول الافراد · ولكن يتخلل هذا المبداء احياناً استثناءات لا بد منها سيجيء بيانها في

محلهِ · ويشترط في كل ذلك الوصول الى الغاية التي من اجلها اشتهرت الحرب · قال مولتك « اكثر الحروب شدة وهولاً اقربها الى الانسانية لانها تنتهي بسرعة ·· »

وقد عني المؤلفون بجمع قواعد وقوانين الحرب واجتهدوا في تحديد حقوقها وواجباتها فلاقوا دون ذلك صعوبات جمة · ولا تزال المؤلفات في ذلك قليلة العدد

واول قانون دولي للحرب سن في حرب الولايات المتحدة الاهلية سنة ١٨٦٣ اذ اقترحت الحكومة الاميركية الشمالية على الاستاذ ليبر وضع قانون يوزع على الضباط والجنود ليعملوا بهِ ويجروا بموجبهِ فوضع قانونًا لا يزال من افضل ما كتب في هذا الموضوع واقرب ما يكون للعواطف الانسانية واوفق للعمران · ثم عُرض على مفوّض خاص وصادق لينكلون رئيس الجمهورية على بنوده

واثارت الحرب السبعينية بين فرنسا والمانيا مسائل عديدة تتعلق بقواعد الحرب كانت موضوع اختلاف الدولتين اثناء الحرب فلما وقع السلم بينهما وضعت كل منهما قانونًا خاصاً يعلمونهُ للقوّاد والضباط في المدارس الحربية · وهناك اتفاقات دولية اخرى بعضها رسميّ وبعضها شبيهٌ بالرسمي حدّدوا بها الحرب · واتفقوا بموجبها على امورٍ خاصة بها · مثال ذلك اتفاق جنيفيا في ٢٢ آب ١٨٦٤ فيما يتعلق بمعاملة الجرحى · ويجيءُ خلاصة هذا الاتفاق في باب الجرحى

ثم اتفقت الدول الاوربية ايضًا بموجب معاهدة ١١ دسمبر ١٨٦٨ بعد اجتماع عقد في بطرسبورج يختص بالقذائف المتفجرة · واقترح اسكندر الثاني قيصر روسيا عام ١٨٧٤ على الدول عقد مؤتمر يضع قانونًا دوليًا عامًا فاجتمع المفوضون في هذه العاصمة (بروكسل) وكان العلاّمة مارتنس الشهير استاذ علم الحقوق الدولية في بطرسبورج قد رتب قانونًا وعرضهُ على المؤتمر فسقط ذلك المشروع الجليل لمعاكسة انكلترة لهُ وانما يعتبرون ذلك القانون شبيهًا بالرسمي لاهمية اعضاء المؤتمر الذين بحثوا فيهِ وقبلوا باكثر بنوده

وخلاصة الكلام ان حفظ تلك الشرائع والعمل بها يتعلق كثيرًا بانتظام الجنود وطاعتها ودربة القواد ودراية وكلاء المؤونة ووفرة الزاد فاذا اجتمعت كل هذه الشروط في جيش خففت اهوال الحرب كثيرًا · والاّ فمن العبث الانتظار من جيش بلا زاد ان يحترم القانون · والحرب هي تأييد حقوق القوي على الضعيف

ويعقبها السلم وهذا لا يتم الا متى اعترف المغلوب بعجزه وضعفه وقبوله بشروط الغالب بلا غضب ولا احتقار

الفصل الثالث

في اشهار الحرب

ذكرنا فيما تقدم ان السلم موقوف بين الدول على معرفة واجباتهن والقيام بها واحترام حقوق بعضهن بعضاً · فاذا حدث امر يدعو الى العدوان او رغبت احداهن بقطع العلائق السلمية مع دولة اخرى وجب عليها اخطار الدول بذلك · وهذا البلاغ واجب لازم احتراماً لمقام الدول المحايدة واعتباراً لنفس مقامها · وعليه فاذا لم تعلن الحرب رسمياً فحالة السلم يجب ان تبقى محفوظة وحقوقها مرعية

هذا ولا يخفى بان من واجبات الدول العظمى صيانة حدودها واحترام تخومها فاذا اجتاز جيش منظم حدود دولة مجاورة بدون اخطار ولا اشهار حرب حق لتلك الدولة معاملة اولئك الجنود معاملة اللصوص وقطاع الطرق · واذا عاملت الدولة المهاجمة جنود الدولة المدافعة بمثل ذلك لم يبق حينئذٍ للحرب وازع ولا رادع وذهبت الشرائع ضياعاً وعادت المدنية الى الهمجية وعليه كان من الافضل اعلان الحرب رسمياً وابلاغها الى الدولة المعادية · وكل دولة لا تجري تبعاً لهذه القاعدة العمومية شذت عن واجباتها الدولية

وتبليغ اعلان الحرب يكون اشد حاجة واكثر ضرورة اذا كانت الحرب بحرية وسبب ذلك اعلام ارباب السفن للخروج من مياه الدولة المعادية وتحذيراً للتجار من ارسال بضائعهم الى موانيها · قال هوتفيل «كل سفينة تحجز قبل اشهار الحرب يعد حجزها من الاعمال القرصانية» وقد حدث لسوء الحظ حروب كثيرة شبت في الجيل الماضي بدون سابق علم او اشهار حرب

كيفية اشهار الحرب كان لاشهار الحرب في الاعصر السابقة طرق مختلفة وكيفيات متنوعة · فالرومان كانوا ينفذون منادياً خاصاً للحرب معروفاً بهذه الصفة الى حدود الدولة التي رغبوا في محاربتها فيصيح باعلى صوته معلناً اشهار الحرب ثم ينتزع سهماً ويطلقه الى ارض العدو

وكانت الحرب تعلن في القرون الوسطى بكتاب موقع بامضاء الملك ومهر يحمله رسول خاص من كبار اهل البلاط الى الملك الآخر

ولما اعلن فردريك المعروف بارباروس الحرب الصليبية ارسل الى السلطان صلاح الدين الايوبي رسولاً يحمل اليه كتاباً يخطره باشهار الحرب وانفذ الملك شارل الخامس ملك فرنسا الى ادوار الثالث ملك انكلترا بلاغ الحرب مع خادم حقير من خدم بلاطهِ فاندهش ملك انكلترة وارتاب في صحة الكتاب ولكنهُ لما فحص مهر الملك وثق بصحتهِ وتأهب للقتال

على انهم لم يلبثوا طويلاً حتى عادوا في الجيل الخامس عشر والسادس عشر الى عادة ارسال منادٍ باشهار الحرب يطوف الشوارع ينبئ الناس . فلما اشهرت ماري ملكة انكلترا الحرب على هنري الثاني ملك فرنسا انفذت الى مدينة ريمس حيث كانت قاعدة الملك منادياً حربياً خاصاً وطاف في اليوم نفسهِ منادٍ آخر في شوارع لندره وساحاتها مصحوباً بحاكم المدينة وثلاثة فرسان يبوقون امامهُ ابلاغاً للشعب باعلان الحرب

وآخر بلاغ على هذه الكيفية حدث في بروكسل عام ١٦٣٥ لما اراد الملك لويس الثالث عشر اعلان الحرب على بلجيكا اذ ارسل منادياً حربياً خاصاً اسمهُ دالنسون فجاء المدينة على جواده وفوقهُ درعهُ وقلنسوتهُ و بيده شارة الملك وهي عصا مرسوم عليها ازهار الزنبق يتقدمهُ نافخ بوق . فلما وصل ساحة المدينة الكبرى امام قصر الحاكم استأذن في مقابلتهِ فلم يجبهُ الى ذلك فأخذ نسخة من اعلان الحرب والقاها على الشعب المجتمع وخرج من المدينة مسرعاً . فلما وصل الى القرية الاولى من حدودها نصب خشبة وعلق عليها نسخة اخرى من الاعلان بعد ان نبه شيخ القرية بصوت البوق

اما في ايامنا هذه فكيفية اعلان الحرب تكون اما رأساً الى الدولة المعادية او كما فعلت فرنسا لما اعلنت حربها السبعينية على بروسيا اذ كلفت سفيرها بندتي بتبليغ الدولة البروسيانية اعلان الحرب في ١٥ تموز (يوليو) واما ان تكون بطريقة اخرى كمظاهرة او اخطار نهائي . ولا اهمية لكيفية البلاغ وصورتهِ بل المهم المظاهرة واعلان النية واهم منهُ تحديد الوقت وتعيين الساعة التي تبدأ بها الحرب

فان السرب لما اشهرت الحرب على بلغاريا عام ١٨٨٥ كلفت في ١٤ نوفمبر معتمد دولة اليونان في صوفيا ان يبلغ امارة البلغار بان الحرب تبدأ الساعة السابعة صباحًا · وفي اليوم نفسهِ زحفت جنود السرب على بلغاريا من ثلاث جهات

ان استدعاء السفراء ومعتمدي السياسة يعد اليوم من علامات قطع العلائق السلمية بين الدول ولكنهُ لا يعدُّ دائمًا علامة لاشهار الحرب · فاذا طال الامر كذلك وجب اخطار الدولة الاخرى بنيتها

والحرب تنتج احيانًا عن سبب عرضي او من اتيان عمل يمس حقوق دولة اخرى او يحط من مقامها تعتبره سببًا للحرب فيجب عليها حينئذٍ اخطار الدولة التي اتت ذلك الامر ببلاغ نهائي يعرفهُ الافرنج بكلمة (Ultimatum) أُولتيماتوم والبلاغ المذكور هو عبارة عن لائحة سياسية بعبارة صريحة قاطعة نهائية تتضمن الاقتراحات المطلوبة محددة تحديدًا جليًا وتطالب المجاوبة عليها جوابًا باتًا بلا مطل ولا ابهام وقد يحددون مهلة الجواب فاذا مضت عدَّ ذلك الصمت اعلانًا للحرب

والمهلة يجب ان تكون معقولة اي لا طويلة تسمح للعدو بزيادة التأهب ولا قصيرة بنوع ان يعقبها زحف الجنود سريعًا

وقد لا يعينون مدة للجواب بل يكتفى بالقول انهُ اذا رفض البلاغ تكون الدولة الاخرى على بصيرة من امرها · فاذا كان كذلك لا يعدُّ رفض البلاغ بمثابة اعلان الحرب بل يجب انفاذ لائحة اخرى معلنة بذلك · · ·

وجملة الكلام ان الغاية من كل ذلك ألاَّ تكون الحرب مباغتة ولا الزحف مفاجئة بل ليكون الخصمان على حذر وبصيرة من الامر

واما اذا كانت الدولة مدافعة فلا يجب عليها اعلان الحرب على الدولة التي بادأتها بالعدوان لان الدفاع من مبادي الحقوق الاولية

نشر اعلان الحرب في الجرائد ومن واجبات الدول المحاربة اخطار رعاياها بان الحرب قد اشهرت بينها وبين الدولة الفلانية لان الحرب تقضي بتغيير العلاقات بين الامم المتحاربة فوجب والحالة هذه اخطارها بذلك · ولكل دولة اليوم جريدة رسمية فيها تنشر اعلان الحرب بعد ابلاغها الى المجالس النيابية اذا كانت الحكومة دستورية

الدول المحايدة وعلى الدول المحاربة ايضًا ابلاغ الدول الاخرى بواسطة سفرائها ومعتمديها ونطلب منها البقاء على الحياد

وقد اعتادت الدول في ايامنا هذه ان تنشر رسائل سياسية تنفذها الى معتمديها تبين بها عدالة مطاليبها وصحة حقوقها او غير ذلك رغبة في امالة الرأي العام وقد يصدرون اليها منشورًا الى شعب الدولة المعادية كما فعل غليوم الاول ملك بروسيا في اوائل الحرب السبعينية اذ أصدر منشورًا الى الشعب الفرنساوي قال فيه انه يحارب الجنود الفرنساوية وليس الشعب الفرنساوي ...

ولا حاجة للقول بان آداب كل دولة ومقامها يقضيان عليها باحترام مقام عدوتها والاشارة اليها عند مخاطبتها او الكلام عنها بعبارات لائقة وجمل محتشمة

وعليها ايضًا ان تعلن في الجرائد بوجوب رجوع رعاياها المقيمين في بلاد الدولة المحاربة مع نشر الشرائع الحربية وهي القواعد التي يجازون بموجبها المخالفات التي تحدث خلاف قوانين الحرب ثم اخطار التجار بقطع علاقاتهم مع افراد الدولة المعادية وغير ذلك مما يجب معرفته والابتعاد عنه

الفصل الرّابع

في ابتداء القتال

بقي علينا ان نبحث بعد اشهار الحرب في امور خمسة . وهي (١) تعيين المتحاربين . (٢) في العلاقات السياسية بين الدول (٣) في المعاهدات (٤) في الاشخاص (٥) في الاموال والاملاك

في المتحاربين ان الحرب تعطي لكل دولة مهاجمة كانت او مدافعة صفة المتحاربين وحقوقهم التي تمنحها معاهدات الدول وعادات الامم لكل جندي او جيش محارب وهذه الحقوق تتناول ايضًا الامارات المستقلة والحكومات المحايدة

واما الزمر والعصابات والقرصان وان كانوا منظمين ومدرّبين فليس لهم هذا الحق . فاذا تطاولوا على دولة واجتازوا حدودها عُدّ ذلك العمل قرصانية او لصوصية فيجازون بمثل ذلك . فان غارة غاريبالدي مثلاً على جزيرة سيسليا بعصابته

يعدُّ من هذا القبيل وكذلك هجوم جامستون على الترانسفال كما ذكرنا

اما اذا حدثت حرب اهلية وقامت طائفة على اخرى وشقّت امة عصا الطاعة على دولة ما وتمكنت ومن تنظيم جيش مدرّب وبرهنت على حسن قصدها وثبتت في طلب حقوقها يحق للدول المحايدة الاعتراف لها بحقوق المحاربين ولا تعدهم عصاة. مثال ذلك لما شبت الحرب الاهلية بين الولايات المتحدة سنة ١٧٦١ — ١٨٦٥ اعترفت فرنسا وانكلترة بصفة المحاربين . ولما ثار اليونان سنة ١٨٢٥ = على الدولة العثمانية رغبةً في الاستقلال اعترفت انكلترة بحكومتهم الموقتة اثناء انشائها بحقوق المحاربين

ولا بد من التمييز بين الاعتراف بهذه الحقوق والاعتراف بانشاء حكومة جديدة اذ لا يعدُّ ذلك الاعتراف من قبيل المداخلة ... هذا وحقوق الملل في ايامنا هذه تقول صريحًا بان جنود الدولتين المتحاربتين هم وحدهم ... اعداء .. بالمعنى الوضعي لهذه الكلمة .. واما ما بقي من رعايا الدولتين غير المنخرطين في الجيش فلا يعدّون اعداء .... وعليهِ لا يجوز الحاق الاذى بهم

وهذا المبدأ قد ساعد كثيرًا على تحديد الحرب وتخفيض ويلاتها اذ كفلت مصالح الافراد : وكانوا قديمًا يجيزون لكل من رعايا الدولتين ابادة بعضهم بعضًا وأذاهم بما تصل اليهِ ايديهم بلا تمييز . وبقيت هذه العادة جارية الى اوائل هذا القرن اذ جاهر بعض الكتبة بهذا المبداء بدعوى ان الحرب تجعل جميع رعايا الدولتين المتحاربتين اعداء ولكن لحسن الحظ سقط هذا المبداء تمامًا . ومعاهدات الدول تحدّد اليوم العداء الفعلي بين الجنود والبحارة فقط وتوجب حفظ حقوق الافراد وكل ما يتعلق بهم من شروط وعقار . ولكن قد يتصل بهم ضرر من قبيل المعاملة بالمثل اووجوب المدافعة كما سيجيء

العلاقات السياسية الحرب متى اشهرت تقطع كل علاقة سياسية بين الدول المتحاربة على ان هذا القطع ليس واجبًا شرعيًا . بل هو من قبيل العادة والاختيار اذ التاريخ يذكر حروبًا كثيرة حدثت بين بعض الدول بدون ان تنقطع بينهما العلاقات السياسية . لا بل ان بقاء معتمدي السياسة ما يساعد على عقد السلم سريعًا . وعليهِ اذا بقي السفراء في مراكزهم وجب المحافظة على كرامتهم وابقاء جميع حقوقهم

وامتيازاتهم الممنوحة — ولكن الافضل استدعاء معتمدي السياسة خوفًا من هرج الشعب فتعطي كل دولة حينئذٍ لمعتمد الدولة الاخرى جواز مروره (باسبورت) ثم تعلن بانها قد استرجعت براءتها التي منحتها لقناصل الدولة المعادية في جميع ممالكها فيجب حينئذٍ على القناصل تسليم سجلاتهم الى قناصل الدول المحابة وتكليفهم بحماية رعاياهم الذين يرغبون في البقاء بارض الدولة المعادية اثناء الحرب

﴿ المعاهدات ﴾ ان اشهار الحرب تفسخ بعض المعاهدات المعقودة قبلها وليس كلها خلافًا لما يدعيه البعض بان الحرب بنفسها تلغي جميع المعاهدات بلا استثناء . اذ يجب التمييز بين المعاهدات التي عقدت من اجل الحرب ولا يعمل بها الاّ في زمن الحرب و بين صلاحية المعاهدات واجرائها

فالحرب كما لا يخفى تفسخ جميع المعاهدات السياسية والودادية والمحالفات وغير ذلك من امثالها . واما المعاهدات المتعلقة بالحقوق الشخصية التي لها مساس بالحقوق العمومية . كحقوق الارث والوصاية والافلاس والحقوق الملكية عقارية كانت او ادبية او صناعية فهذه تبقى جميعها مستمرة ويعمل بها تبعًا للمبداء الاساسي الذي ذكرناه بان الافراد ليسوا اعداء

واما المعاهدات التي يبدأُ العمل بها فهي المتعلقة بالحرب كاحترام حقوق تجارة المحايدين او اذا كانت تحت حماية دولة اخرى او خاصة بمعاملة الجرحى والاسرى واستعمال القذائف المتفجرة او غير ذلك . ويدخل ضمن هذه المعاهدات ما هو خاص بالحكومات المحايدة كبلجيكا واللوكسمبرج وسويسرا وحياد ترعة السويس يعدّ ايضًا من هذا القبيل . وكل ما يخالف احدى هذه المعاهدات يعدّ عدوانًا واحتقارًا للدول المسالمة او المحايدة

﴿ في الافراد ﴾ تقسم سكان المملكة المحاربة في حال الحرب الى ثلاثة اقسام . الاول رعاياها . والثاني رعايا الدول المحابة . والثالث رعايا الدولة المعادية . وتقسم رعايا الدولة المحاربة الى فئتين . الى مقاتلين وهم الجنود البرية والبحرية على اختلاف انواعهم من احتياطي ورديف ومستحفظ وغير ذلك . والى غير مقاتلين وهم بقية افراد الرعية الذين لا يقاتلون ولا يعدون اعداء

واما رعايا الدول المحايدة فتبقى لهم حقوقهم الماضية وانما يشترط عليهم لزوم المحايدة

التامة و يترتب عليهم واجبات جديدة في اثناء الحرب

اما رعايا الدولة المعادية فكانوا يعدونهم قبلاً اعداء يلقون القبض عليهم ويزجونهم في اعماق السجون او يعاملونهم كاسرى الحرب · ولا يخفى ما في هذا العمل من الاجحاف والظلم · لان اولئك الغرباء انما جاؤا تلك المملكة واختاروها موطناً لهم ايام السلم ثقةً منهم بحرّية الرجوع واعتقاداً بالامن فيجب على الاقل امهالهم ريثما يخرجون من البلاد

واما في ايامنا هذه فقد جرت الدول على هذه القاعدة وقررت اكثرها في معاهداتها التجارية وهو وجوب اعطاء رعايا الدولة المعادية مهلة كافية للخروج سالمين من ارض العدوّ مع ذويهم واموالهم · وقد عمَّت هذه القاعدة حتى صارت نظاماً عاماً وقانوناً متبوعاً

واختلف الباحثون في هذا الفن فيما اذا كان يوافق اطلاق الحرية لرعايا الدول المعادية في الخروج من ارض العدوّ وهم بالطبع متى عادوا الى بلادهم انخرطوا في سلك جيوشهم بعد أن اصبحت الخدمة العسكرية اليوم عند اكثر الدول الزامية · فيزيدون والحالة هذه جنود الدولة و يكونون بالطبع اشد خطراً لوقوفهم على مواقع البلاد ومعرفتهم ثروة المدن فيكونون بمثابة ادلاء للجيش وروّاد له · ولكن من جهة اخرى اذا ارادت احدى الدولتين المحاربتين منع هؤلاء من الخروج عرضت رعاياها عند الدول الاخرى المعاملة بالمثل فضلاً عما في ذلك من الخطر اذ قد تدفعهم الوطنية الى تجسس حركات الجنود المعادية والوقوف على محال الضعف وغير ذلك مما يصعب كتمانه · ولهذا السبب قررت الدول في اواخر هذا القرن اطلاق الحرية لرعايا الدولة المعادية بالخروج من بلادها

كذلك فعلت فرنسا والمانيا في اثناء حربهما السبعينية · وقد يتفق كثيراً ان بعضهم يرغبون في البقاء ولا يودون الخروج من البلاد فيجب حينئذٍ على الحكومة مراعاتهم وحسن معاملتهم تبعاً للمعاهدات الدولية والرفق بهم مع وضعهم تحت مراقبة الشرطة · ولكن يحق لها اخراجهم عنوة من المدن المحصنة او ابعادهم الى مكان بعيد من ساحة الحرب

وجملة القول انه يحق للحكومة اتخاذ جميع الاحتياطات التي تقتضيها امنيتها والحركات العسكرية ولكن يجب ان يكون كل ذلك برفق وانسانية

وتباحث المؤلفون فيما اذا كان يحق للدول المحاربة ابعاد رعايا الدولة المعادية قهرًا افرادًا او جملة — ولا يخفى ان قوانين بعض الدول كفرنسا مثلاً تجيز ابعاد الاجانب بلا سبب ظاهر حتى في ايام السلم وهذا الامر منوط بناظر الشرطة . اما انكلترة فبعكس ذلك لانها لا تبعد اجنبياً من بلادها مهما كان واياً كان اذ الشريعة الانكليزية تكفي وحدها لحماية جميع من وطئ ارضها . واما في ايام الحرب فقد اجازوا لكل دولة ابعاد من تشاء من الاجانب اما خوفًا من تجسس او منعًا من مظاهرة الشعب او لاسباب اخرى توجبها حالة الحرب . ويحق للدولة ايضًا ابعاد البعض واستبقاء البعض الآخر كما فعلت حكومة الترانسفال في حربها الحاضرة فانها ابعدت بعض الانكليز وأذنت لآخرين بالبقاء فيها . وفي حرب القريم اجازت كل من فرنسا وانكلترة لجميع رعايا الروس بالبقاء

ولما اشهرت الحرب السبعينية بين فرنسا والمانيا كان في باريس وحدها ما ينيف على ثلاثين الف الماني ونحو مئة الف في سائر المملكة . وكانت الحكومة الافرنسية قد رخصت لهم بادئ بدء بالبقاء واشترطت عليهم حسن السلوك ولكن لما زحفت الجنود الالمانية على البلاد الفرنساوية اشتد خطر بقاء الالمان بها فاخطرتهم فرنسا بوجوب الرحيل عنها ورخصت لبعض الذين وثقت بحسن سلوكهم بالبقاء . فلما وصل الالمان امام اسوار باريس لم يبق ضمنها من الالمان الاَّ بعض المتشردين الذي لم يقبل احد من سفراء الدول المحايدة حمايتهم . ورغماً عن ذلك فقد اضاف البرنس بسمارك على الغرامة الحربية مائة مليون من الفرنكات تعويضًا لاولئك المتشردين . .

﴿ في الاموال والعقارات ﴾ هل يجوز حجز اموال رعايا الدولة المعادية وعقاراتهم ؟ — تلك مسألة قد اتفق عليها الاقدمون بدعوى ان تلك الاموال منقولة كانت او غير منقولة هي جزء من مجموع ما للامة المعادية وكلما يختص بالجزء اختص بالكل . . . واتباعًا لهذا المبداء حُجز كثير من الاموال في الحروب الماضية . واما في ايامنا هذه فقد اتفق الكتبة بوجوب احترام اموال رعايا الدولة المعادية تبعًا للقاعدة الاساسية التي ذكرناها ان الحرب لا تكون بين الافراد . فضلاً عن ان تلك الاموال قد انتقلت الى الاجانب وقت السلم وتبعًا لشرائع البلاد والحرب لا تغير

شيئاً من الحقوق الشخصية وعلى هذه القاعدة حرموا حجز ديون الدولة الاخرى سواء كان قرضاً لها او ارعيتها

وقد حجزت الدولة الفرنساوية ابان خروب الثورة جميع الديون الخاصة برعايا الدول المعادية لها وبقي الحجز الى سنة ١٨١٤ اي بعد سقوط نابوليون الاول . وعام ١٨٠٧ القت الدولة الانكليزية الحجز على جميع المراكب الدانمركية التي كانت بثغورها وجميع الاملاك الخاصة بهم فحجزت الدانمرك مقابلة لذلك جميع ديون الانكليز في بلادها ..

والدول كانت تحجز قديماً سفن الدولة المعادية الراسية في مرافئها بدون امهالها للابتعاد عن مياهها اما اليوم فقد ذكر ان قد اتفقت جميعها على اعطاء مهلة لارباب السفن للخروج من مياههم الاّ اذا وجدوا ان خروجها يضرّ بحركاتها ويفشي أسرار اساطيلها . وفي الحرب السبعينية اعطت فرنسا مهلة شهر للسفن الالمانية للخروج من المواني الفرنساوية وفي حربنا مع روسيا اعطت الدولة العلية خمسة ايام للسفن الروسية ...

قطع العلائق التجارية الحرب تقطع عند اشهارها جميع العلائق التجارية بين رعايا الدولتين المتحاربتين . تلك عادة قديمة العهد ولا تزال مرعية الى ايامنا هذه . على ان بعض العلماء اعترض على هذه القاعدة بحجة انها مخالفة للمبدأ الاساسي اي ان الحرب محصورة بين الدول وليس بين الافراد . فضلاً عن انها خطاء محض في الاقتصاد السياسي لان التجارة تستمر جارية بين رعايا الدولتين المتعاديتين وانما عوضاً من ان تكون العلائق رأساً تنتقل الى رعايا الدول الاخرى الذين بالطبع يزيدون الرسم (القوميسيون) والسمسرة والشحن وغير ذلك من الرسوم الزائدة التي تدفعها رعايا الدولة المحاربة . وقد ردّ على ادعائهم هذا غيرهم فقالوا ان التجار كثيرًا ما يفضلون ارباحهم على الوطنية ويعدّون كل من يحول دون مكاسبهم عدوًّا لهم ... وعليه ان استمرار العلائق التجارية يساعد على اطالة زمن الحرب ويسعف الدولة المعادية ويزيد ثروتها .. فضلاً عن انه لا يؤمن الحركات العسكرية من الاباحة في المراسلات التجارية . وقال آخرون ان على جميع ابناء الوطن مساعدة دولهم بجميع قواهم وتفضيل الخسارة على الحاق الضرر ببلادهم

ولذا يجازون كل من يخالف ذلك النظام جزاء شديدًا فانه لما عقدت فرنسا قرضها المعروف ابان حربها السبعينية اكتتب احد صيارفة الالمان واسمه كوتروك بذلك القرض فساقته الحكومة الالمانية امام محاكمها وحكمت عليه بالخيانة

وانما اختلف العلماء فيما اذا كان يجب هذا المنع منعًا مطلقًا عامًا . فذهب البعض بوجوب ذلك بقطع العلاقات التجارية والاخبارية والمراسلات والاسفار وكل علاقة مهما كانت وقال غيرهم غير ذلك وان على الدولة ان تتبع ظروف الحال ومصالحها دليلها ورائدها

واما العادة الجارية اليوم فهي انه متى اشهرت الحرب تعلن كل دولة اذا كان يجب قطع العلاقات عمومًا او تجيز بعضها مع ذكر شروطها . وفي الغالب يمنعون الضمان (السوكورتاه) لحساب العدو

واما اذا كان المنع عامًا فيعطون مهلة للتجار لتصفية اشغالهم فاذا انقضت جوزي كل مخالف وحجزت بضائعه وفي حرب القرم رخصت كل من فرنسا وانكلترة الاتجار مع ثغور روسيا غير المحصورة على ان تكون البضائع غير ممنوعة ومنقولة على ظهر السفن المحايدة

وفي الحرب التي اعلنتها فرنسا وانكلترة على الصين عام ١٨٦٠ اجازت بقاء العلائق التجارية لان الحرب كانت من اجل اجبار الصينيين على فتح موانيهم للتجارة الاوربية

ولا يخفى بان قطع العلائق التجارية يسري ايضًا على تجار الدول المحالفة للدولة المعادية . هذا وكل اتفاق تجاري او مقاولة تعقد بين افراد الدولتين المتحاربتين في اثناء حربهما يعد فاسدًا . ولا يحق لاحد الفريقين مطالبة الآخر بالعمل بذلك الاتفاق . والحرب توقف المعاملات الشرعية بين رعايا الدولة المعادية الى ان يعقد السلم بينهما

القسم الثالث

الحرب البرية

طرق الهجوم والدفاع

ذكرنا فيما تقدم ان من مبادىء حقوق الدول المقررة في يومنا الحاضر حصر العداوة الحربية بين الدول المحاربة بدون ان تتصل الى افراد رعاياها . وبعبارة اخرى ان الحرب يجب ان تحصر مضارها فيما يختص بجند الدولة وجندها . ولاحدّ لهذا الاضرار فكما انهُ يجوز قتل الجنود في المعارك وهدم الحصون وتدمير القلاع والثغور يسوغ ايضًا الاضرار بمالية العدو وهدم سككهِ وقطع طرق مواصلتهِ مهما كانت واتلاف ذخائره ومؤونتهِ وجميع ما يختص بهِ حتى والحط من مقامهِ الادبي . وكل ما تقدم جائز على شرط اتباع المبدإِ الاولي في الحرب وهو ان يعود ذلك العمل بفائدة على الفاعل . على ان الحرب تحرّم اتيان عمل لا فائدة منهُ لها كما كان يفعل الاقدمون في حروبهم فقد كانوا يجيزون ارتكاب جميع المحرّمات واتيان الفظائع والفواحش . وعليهِ فقد اجمع معتمدو الدول في مؤتمر بروكسل عام ١٨٧٤ بان الحرب لا تعطي المقاتل حرية الاختيار في طرق اضرار عدوهِ وقد حرّمت الوسائل المخالفة للشرائع المدنية والمنافية للعواطف الانسانية

الفصل الاول

الطرق المحرمة والممنوعة

نقسم هذه الطرق الى بربرية وغدرية ·

فالطرق البربرية المحرّمة هي (١) جرح العدو اذا استسلم وذلك امر بديهي لان الجندي اذا كف عن القتال او قعد عن الدفاع وجبت معاملته كاسير حرب (٢) الاجهاز على الجرحى (٣) لا يحق لاي قائد كان ان يعلن عدم اعطاء الامان للعدو المقاتل سواء كان السبب بغضاً او انتقاماً او تهويلاً (٤) لا يجوز اهانة العدو ولا تعذيبه حتى ولو كان ذلك في سبيل اجباره على اباحة اسرار دولته (٥) لا يجوز الفتك بالعدو غيلة او اغراء آخر على قتله سواء كان سلطاناً او جندياً (٦) لا يحق لاي كان اسقاط آخر من حق حماية الشرائع له واجازة لكل فرد قتله · وقد شذّت الدول المحالفة عن هذه القاعدة لما اعلنت اسقاط نابوليون الاول من حماية الشرائع لما رجع من جزيرة ألبا منفاه عام ١٨١٤ · وكان ذلك باغراء وزيرها تالايرن المشهور ·

واما الطرق الممنوعة فهي (١) استعمال القنابل والقذائف والاسلحة التي تزيد في تعذيب الجرحى بلا فائدة (٢) الرشق بالاسهم المسمومة او اطلاق الزجاج المسحوق او الرمي برصاص ممضوغ ومشقوق كما فعل الانكليز في الثورة الاخيرة في الهند باستعمالهم الرصاص المعروف باسم « دم دم » ولكن لا يخفى بان ما اخترع في السنين الاخيرة من المهلكات النارية والمدمرات الحربية لهو اشد هولاً واعظم تأثيراً من تلك الادوات الممنوعة وقد حرّم البابا اينوسان الثالث استعمال القذائف النارية في الحرب اذا كانت بين النصارى فقط

وخلاصة الكلام ان الغاية من هذا المنع هي عدم استعمال كل سلاح يزيد في تعذيب الجرحى ولا يأتي بفائدة منه اذ الغاية من الحرب اضعاف الخصم حتى يعجز عن القتال او الدفاع فاذا جرح العدو جرحاً بسيطاً حصلت تلك الغاية ولا حاجة لتشويهه طول عمره

وقد قررت الدول في مؤتمر بطرسبورج (١٨٦٨) منع استعمال القذائف اذا كان وزنها يقل عن ٤٠٠ غرام منفجرة كانت او محشوة بمواد التهابية

وفي الحرب السبعينية كانت كل من دولتي فرنسا و روسيا تتهم الاخرى باستعمال قنابل منفجرة كما يفعل اليوم الانكليز والبوير في حرب الترنسفال

وذهب بعض الشراع بان قوانين الحرب تحظر تجنيد القبائل الهمجية والمتوحشة لجهلها قوانين الحروب المتمدنة

وقد انتقد بعض المتشرعين من الالمانيين والايطاليين لوجود عساكر الجزائر المعروفة بالتركو في الحرب السبعينية واتهمها بسمارك ظلماً وبهتاناً باتيانها اموراً وحشية فرد العلامة كالفو الشهير حيث قال « ان فرق التركو تعد جنداً منظماً اذ يرأسها ضباط من الفرنسيس قد احسنوا تدريبهم وتنظيمهم واظهروا في الحرب السبعينية بسالة غريبة وشجاعة فائقة القت الرعب في قلوب الالمان ولم يرتكبوا منكراً » وقال العلامة اوث لماذا لم ينتقد الالمان على تجنيد روسيا مثلاً بعض القبائل الاسيوية التي هي اشد همجية من عساكر الجزائر وكيف اجازوا للنمسا تجنيد قبائل الكروات في حروبها مع ما هم عليه من البربرية . . ؟

﴿ التسميم ﴾ من اكبر المحرمات في الحرب واهم الامور الممنوعة في ايامنا هذه التسميم على اختلاف طرقه سواء كان من قبيل تسميم الابار او الانهار او الطعام او السهام . وكل من يلجأ الى استعماله اسقط نفسه من حق حماية الشرائع له وانما يجوز تحويل الانهار ومجاري المياه وتجفيف الينابيع لان العدو متى حرم من الماء اضطر الى اخلاء مركزه

﴿ الطرق الغدرية ﴾ القتال يجب ان يكون شريفاً يعني يجب على كل من المتحاربين ان يكون على ثقة من استقامة عدوه وشرفه وحفظه لشرائع الحرب فكل خدعة غير جائزة تعد غدراً واغتيالاً . مثال ذلك — لا يجوز الاخلاف بالوعد او النكث بالعهد او الكذب بالقول او المهاجمة فجأة في اثناء هدنة . والمظاهرة بالتسليم حتى اذا اقترب العدو منه قتله بسهولة او رفع علم الصليب الاحمر الخاص بعربات الجرحى والمستشفيات على العربات التي تقل المؤون والذخائر . او الخداع باستعمال راية المفوضين بالمخابرات السلمية او غير ذلك مما يجرى هذا المجرى . ولا يجوز استخدام

الكلاب المعروفة « ببول دوك » لانها حيوانات كاسرة بخلاف الكلاب الاخرى فانها تأتي بخدمات نافعة اذ تهدي الى الجرحى وتحمل الرسائل والذخائر

الحيلة هل يجوز استعمال الحيلة في الحرب ؟ — نعم وقد قيل الحرب خدعة واجمع المتشرعون على ذلك واتفق عليهِ معتمدو الدول في مؤتمر بروكسل (١٨٧٤) فى البند الرابع عشر ولكنهم قالوا ان الحيلة في الحرب جائزة على ان لا تكون غدرية مخالفة للشرائع الحربية فالمكامن والمهاجمة فجأة او غلسًا او المظاهرة بالتهقرى او التهويل بهِ ونشر الاخبار الكاذبة او الرسائل المزورة وما اشبه ذلك فكلهُ جائز وانما لا يسوغ استخدام اثواب الاعداء ولا ازيائهم ولا اتخاذ شاراتهم ولا تقليد راياتهم او اعلامهم . وفي شرائع الولايات المتحدة كل عدو يلجأ الى اتخاذ تلك الحيلة يخسر حقوقهُ من حماية الشرائع لهُ . ولكن الشراع اختلفوا فيما اذا كان يجوز تقليد نفير الاعداء وتبويقهم او اتخاذ شعارهم (الشعار نداءٌ خاص بين الجنود يتعارفون بهِ ويسميهِ العامة سر الليل) فمنهم من اجازه بحجة ان العدو طالما لم يبح بشعاره ولم يخبر عن كيفية تبويقهِ فلا غدر في استعمالهِ بخلاف لباس الجنود فهي ظاهرة للعيان . ورد غيرهم بان العدو لا يصل غالبًا الى معرفة شعار العدو وسر تبويقهِ الاَّ بتعذيب الاسرى ولا يخفى ما في هذا الامر الفظيع من المخالفة لشرائع الحرب المتمدنة

وقد اتهم الفرنسيون البروسيانيين انهم اكثروا في الحرب السبعينية من نشر الاخبار الكاذبة والرسائل الملفقة . وادَّعوا ان تلك الحيلة ولئن كانت جائزة شرعًا فهي مخالفة للشرف العسكري . . . .

وجملة القول ما قالهُ مولتك « آن اعظم خير في الحرب السرعة في انجازها فيجوز استخدام جميع الطرق المؤدية الى ذلك بشرط الاَّ يكون ذلك العمل مذمومًا . . . . » اه

الفصل الثاني

في الطرق الجائزة والمحللة

لما اجتمع مؤتمر بروكسل (١٨٧٤) عرضت الدولة الروسية مشروعًا بينت

فيهِ الطرق الجائزة والحائلة في الحرب فلم يتم الاتفاق عليهِ بحجة انهُ يستحيل ادراك الغيب ومعرفة اخطار السهو وعليهِ فقد نتبع الدول التعليمات التي نشرتها الولايات المتحدة في اثناء حربها الاهلية ومنها نقتطف ما جاء في البند الخامس عشر . « ان ضرورات الحرب تجيز اتلاف العدو المسلح وكل نفس وجدت في اثناء النزال ولم يستطع انفاذها . ويجوز اسر كل عدو مسلح كان او اعزل اذا كان اسره يعود بفائدة على الآسر . وعليهِ يسوغ هدم المباني والطرق والاقنية وقطع وسائل الاتصاليات وحجز المؤن والذخائر والاستيلاء على كل ما يعود منهُ فائدة على شرط ان لا يكون مخالفًا لهذه القاعدة الاساسية ولتعليمات مؤتمر بطرسبورج فيما يختص بالقذائف »

الحصار

لا يخفى ان غاية كل مقاتل الاستيلاء على مواقف العدو ومواقعهِ المحصنة التي هي ركن مكين لهُ في دفاعهِ فالاستيلاء عليها يكون اما بحصارها برًّا او بحرًا او باطلاق القنابل عليها .

فالحصار البحري — هو قطع كل اتصال عن الثغور والمرافئ تجارية كانت او حربية وعن مصاب الانهر اذا كانت خاصة بالعدو والحصار يجب ان يكون بالدوارع الحربية ولا يجوز الاستعانة بمراكب قرصانية . ويجوز التضييق على المحصورين وتعجيزهم حتى يضطروا الى التسليم صاغرين وقد ذكرنا في الطرق القهرية غير الحربية عن الحصار الملقب بالسلمي .

ويحق للمحاصر الترخيص للسفن المحايدة بالدخول الى الثغور المحصورة . وقد صار للحصار اهمية كبرى في الجيل التاسع عشر وحدث مرارًا كثيرة .

وقد تقرر في معاهدة الاستانة سنة ١٨٨٨ بان ترعة السويس هي محايدة ولا يجوز لاي دولة كانت حصارها . . .

وكثيرًا ما يرافق الحصار الهجوم على الحصون والقلاع للاستيلاء عليها عنوة واقتدارًا بدون انتظار مفاعيل المجاعة .

واهم حصار حدث في هذا الجيل المنقضي حصار سباستبول ١٨٥٤ — ١٨٥٥ وحصار بلافنا ٧٧ — ١٨٧٨ اما البروسانيون في حربهم السبعينية فقد اكتفوا

بتطويق المدن المحصورة وباطلاق القنابل عليها بدون هجوم او اقتحام على اسوارها ... وبالطبع يحق للمحاصر اطلاق القنابل على حصون العدو وقلاعهِ ليلاً نهارًا واحيانًا على المدينة نفسها خوفًا من اطالة الحصار . وهذه الطريقة كثيرًا ما تلقي الرعب في قلوب المحصورين فيحملون قائدهم على التسليم . وقد اوصلت الاختراعات الحديثة رمي القنابل الى درجة فايقة من الاصابة ما جعل لهذه الطريقة خطارة كبرى

وجاء في البند الخامس عشر من تعليمات مؤتمر بروكسل بانهُ لايجوز اطلاق المدافع على مدينة غير محصنة او مدينة قد استسلمت وفتحت ابوابها للعدو وانما كل مدينة تظهر ثباتًا او دفاعًا حق الهجوم عليها وجاز حصارها وقد اجمع المتشرعون بالنهي عن اطلاق المدافع على المدن التي لم تشترك في الحرب او الثغور التجارية الغير المحصنة الا اذا كان ثمت ضرورة حربية فوق العادة

وجرت العادة ان يخطر المحاصر ارباب السلطة المحصورة بعزمهِ على رمي المدينة بالقنابل بدون وجوب تعيين الساعة لكي تتمكن النساء والاطفال والشيوخ من الالتجاء الى ملجأ امين ولكي تصان كنوز العلم والصناعة والمتاحف في حرز مكين . وهذا الاخطار لم توجبهُ شرائع الحرب ولكنها عادة جارية . والمفاجأة جائزة اذا وجبت وطالما لم يتم تطويق المدينة لا يحق للقائد المحاصر منع النساء والاطفال من الخروج منها .

ولما حاصر الالمان مدينة باريس سنة ١٨٧٠ امطروها نارًا حامية بلا انذار الامر الذي اوجب اعتراض معتمدي الدول الذين ظلوا في العاصمة فانفذ أقدمهم رتبة الى البرنس بسمارك احتجاجًا على ذلك العمل فاجابهُ بسمارك بان الانذار ليس واجبًا في شرائع الدول ولا هو عادة من عادات المحاصرين

قال العلامة بونفيس « قد اجمع الكتبة والشراع قبل الحرب السبعينية على وجوب تصويب المدافع على الحصون والقلاع وثكنات الجنود اوكل ما يتعلق بالحركات الحربية فقط كذلك فعل الفرنساويون والانكليز في حصار سباستبول اذ المدينة لم يمسسها ضرر رغماً عن اطالة الحصار ولا نذكر متشرعًا تجاسر على القول بانهُ يجوز اطلاق القنابل على مباني المدينة المحصورة وعلى معالمها وقصورها اجبارًا للجند المحصور

على التسليم ومع ذلك فقد اجاب الجنرال دي فردر الاا في نواب مدينة ستراسبورج جوابًا غريبًا حيث قال ردًّا على اعتراضهم « انا اعلم ان اطلاق المدافع على مدينتكم تمكنني من قلاعكم وحدها وكم فعليكم اجبار انائد على التسليم » ومن الغريب ان المسيو رو-بين جاكمين المتشرع البلجيكي (و زبر مالك سيام دالاً) قد أيد هذا الرأي

ولكن اعترض عليه اكثر الشراع حتى من الالمانيين مثل بلونتشلي وجافكن ومارتنس الروسي وغيرهم

ويخشى مع ذلك ان يحذو غير الالمان حذوهم في الحروب المستقبلة · فتكون قد انهقرت المدينة خطوة الى الوراء

وعليه كيفما كانت الحالة على المحاصر ان يجتنب هدم المباني التي لا يفيد تدميرها شيء وخصوصًا المعابد والهياكل والكليات والمدارس والمتاحف والمستشفيات على شرط ألاّ تكون -وّلت بطريقة ما الى مايُعدّ من مباني الدفاع ويجب على المحصور ان يرفع على قمة تلك الابنية علامة ظاهرة يعرفها العدو المحاصر · وقد جرت العادة ان تنصب راية بيضاء عليها رسم الصليب الاحمر فوق المستشفيات وراية بيضاء على الكنائس والمدارس وقد تقدم انه يجب حينئذ الامتناع من استعمال تلك الابنية لغاية حربية والاّ فانها تخسر ثقة العدو وحق له تدميرها

وقد اجمع الفرنساويون على اتهام الالمان بعدم مراعاتهم تلك القواعد الانسانية في حربهم السبعينية · وكتب العلامة بازين المجمع العلمي الفرنساوي في مجلة العالمين في ١٥ اكتوبر ١٨٧٠ ان الالمان في حصارهم ستراسبورج تركوا الحصون وصوبوا مدافعهم على المدينة فامطروها بقنابل محرقة واصابوا الكنيسة الكاتدرائية المشهورة ومكتبتها ومستشفياتها · واعتذر الالمان بان ذلك حدث خطأ من فرق المدفعية فرد خصمهم قائلاً ان خرائطهم كانت دقيقة واضحة فلا يحتمل هذا الغلط وعليه فانهم احرقوا عمدًا ٤٠٠ الف مجلد واثنين واربعمائة مجلد خطي من مكتبتها وقد انتقدت جرائد الالمان نفسها على هذا الصنيع الهمجي

ولكن لما وصلوا الى اسوار باريس اول قنبلة سقطت كانت بجانب البانتيون ولم يستبقوا كنيسة سان سلبيس وكلية السوربون وكلية الحقوق ومأوى العميان واكثر المستشفيات فاعترضت حكومة الدفاع الوطني على هذا العمل فاحتجّ الالمان

انه يصعب اصابة الرمي على بعد ٧ او ٨ كيلومترات ...

ولا يخفى ان الامراض قد تكثر في ايام الحصار و يشتد الضيق والجوع على النساء والاطفال والشيوخ فيضطر القائد المحصور الى اخراجهم من المدينة فيردهم المحاصر على اعقابهم كي يحملوا المحصورين على التسليم . وبحث الشراع فيما اذا كان يجوز اتيان مثل هذا الامر فاجازه بعضهم ومنعه آخرون ولكن الثقة الكبرى ذهبت بجوازه

واما معتمدو الدول وقناصلها فيحق لهم البقاء في المدينة المحصورة اذا شاؤوا ولهم الخروج منها عند الحاجة وانما لا يحق لهم المداومة على مراسلة حكوماتهم سرًّا او بواسطة الرسل الخاصة . كذا فعل بسمارك ١٨٧٠ في حصار باريس مع معتمدي الدول الذين بقوا فيها ولم يأذن لهم بمخابرة دولهم الاّ برسائل جلية مفتوحة وانما رخص سيف ذلك لمعتمد الولايات المتحدة فقط لغاية سياسية كانت في النفس

الفصل الثالث

في حقوق المتحاربين وواجباتهم نحو جنود العدو ورعاياه

قلنا فيما تقدم بانه قد اجمع الشراع واتفق الراي العام ووافقت جميع الحكومات المتمدنة على وجوب تحديد العداوة الحربية بين قوات الدول المتحاربة وحصر القهر والضرب بين جيوشها بدون مس بقية رعاياها المستكنين

وعليه فانهم قسموا الاعداء الى مقاتلين وغير مقاتلين . فكل محارب امتنع عن الدفاع او عدل عن القتال عدَّ اسير حرب ووجب حينئذ معاملته بصفته هذه اي برفق وعناية . واما اذا وقع فرد من رعايا الدولة المعادية بين يدي العدو و بيده سلاح عومل بموجب ما تقتضيه حالة الدفاع وظروف المكان

في المقاتلين

المقاتلون هم الجند على اختلاف درجاتهم وطبقاتهم من عامل او محافظ او احتياطي او رديف او غير ذلك من برّي او بحري سواء كان من المتطوعة او المنظمة او غيرها فالجنود المنظمة تعرف من كيفيتين ترتيبها وطرق تدريبها وشكل البستها ويدخل من ضمن الجنود المنظمة بقية الموظفين فيه كوكلاء المؤن

وحافظي المال والقسس والاطباء والمرضين و باعة الماكول والمشروب ولا يحق لاحد منهم حمل السلاح لانهم لا يعدون مقاتلين بالمعنى الوضعي لهذه الكلمة . وانما يجوز اسرهم ويجب تمييزهم بالرعاية ما عدا الاطباء فلا يجوز اسرهم عملاً بموافقة جنيفا كما يجيء .

﴿ الفرق المتطوعة ﴾

انشأت هذه الفرق خلافاً شديداً في الحرب السبعينية بين فرنسا والمانيا وخصوصاً المعروفة باسم «الفران تيرور» و رفض بسمارك اعتبارهم مقاتلين .

ولكن مؤتمر بروكسل قرر في بنده الثاني بانه يحق للمتطوعة المحاربة ومعاملتها عند وقوعها بالاسر تبعاً لقواعد الحرب على شروط اربعة :

١ً — ان تعترف حكومتهم بهم وترخص لهم حمل السلاح

٢ً — بوجوب تدريبهم وتنظيمهم تحت رئاسة قائد مسئول عنهم او يتعلق بالاقل بقائد الجيش العام

٣ً — يجب ان يكونوا لابسين ألبسة خاصة او على الاقل ان يكون لهم علامة ظاهرة ثابتة تعرف من بعيد للعين المجردة

٤ً — بوجوب حمل السلاح ظاهراً بلا تنكر والا استتار ثم معرفة شرائع الحرب وقواعد العمل بها

﴿ النهضة العامة ﴾ (الجهاد)

يحدث كثيراً في الحروب ان ينكسر احد الجيشين و ينفرط عقده ويتمزق شمله فتخشى الامة المكسورة من زحف العدو على بلادها فتدعو الحكومة حينئذ عامة الشعب وكل قادر على حمل السلاح ان يهب للدفاع عن الوطن واخذ الثار . واختلف المؤلفون في شرعية تلك النهضة وهل يمكن معاملة الناهضين تبعاً لقواعد الحرب وهم بلا وازع ولا رادع . و يشهد لنا التاريخ بنهضات عديدة من هذا القبيل نكتفي بذكر نهضة البروسيانيين عام «١٨١٣» لما زحف نابوليون الاول على بلادهم ونهضة الفرنسويين في الحرب السبعينية لما هاجمتهم الجنود البروسيانية من كل جانب بعد ان أسروا معظم الجيش الفرنساوي وامبراطوره . فاستصرخت الحكومة الموقتة الشعب الفرنساوي ان يهب باجمعه للذب عن الوطن وامرت باخلاء كل بقعة وكل قرية

عند اقتراب العدو والسعي بقطع خط رجوعه والاستيلاء على ذخائره ومؤنه ومفاجاته ليلاً وغير ذلك · واعتبر الفرنسويون هذا العمل شرعياً وانما اثارت هذه المسألة بحثاً طويلاً وجدالاً عنيفاً في مؤتمر بروكسل واراد معتمدو الدول الكبرى ان لا يعد في سلك المقاتلين الا الفرق المتطوعة ولكن اصرّ معتمدو الدول الثانوية بوجوب الاعتراف بشرعية النهضة العامة

هذا ولم يعد في ايامنا لامثال تلك النهضات اهمية كبرى اذ اصبح كل فرد جندياً واصبحت النهضات نادرة فضلاً عن ان ضررها اكثر من نفعها لعدم الاقتدار على تدريبها فتصبح مجلبة للامراض والاوبئة وباعثاً للمخاوف والاوهام

معاملة المتحاربين ابان القتال

لا يخفى ان من الامور البديهية المقررة شرعاً جواز قتل وجرح العدو عند اشتباك القتال وتلاحم الجيشين · فاذا كفّ جنديٌّ عن القتال او امتنع عن الدفاع امتنع قتله او جرحه · اذ كل من عجز عن الاضرار لا يجوز ضره · ولا فرق فيما اذا كان العجز اختيارًا كالتسليم او اضطرارًا كنزع السلاح من يده غصباً · فالعدو متى اصبح اعزل حرم مسّه ·

وعليه فان قتله يعد جرماً وجرحه نذالة · اذ قد اصبح اسير حرب والاسير وجبت رعايته

لا تجيز شرائع الحرب المتمدنة لقائد ما ان يعلن عدم اعطائه الامان سواء كان لغاية في النفس او تهويلاً او انتقاماً

فاذا حدث ان خالف عدوٌّ قواعد الحرب وهتك حرمتها فذبح الاسرى او سكان مدينة افتتحها عنوة حق للعدوان يلجأ الى المقابلة بالمثل ولا يخفى ما في هذا العمل من الظلم الفاحش والفظاعة الهائلة لانها تقع بالطبع على الابرياء · والعدالة تقضي بوجوب مجازاة الفاعلين اذا وقعوا في يد العدو ولكن بعد ان يحالوا الى مجالس الحرب لمحاكمتهم افرادًا ومجازاة كل بما جنته يداه · ولكن لسوء الحظ العادة فوق العدالة · وهي تجيز المقابلة كما تقدم ·

في الجواسيس

الجاسوس في الحرب هو الشخص الذي يختلس الوقوف على حالة قوات العدو

سرًّا ويسعى متنكرًا لمعرفة مكامنهِ وجميع ما يهمُّ معرفتهُ لايصالها الى عدوهِ واما في السلم فهو الباحث في ارض العدو للوقوف على اصناف اسلحتهِ وكيفية استحكاماتهِ وانواع قلاعهِ وعدد حصونهِ ومقدار ذخائرهِ وغير ذلك . فاذا القي القبض عليهِ في زمن السلم عُدَّ عملهُ جرمًا فيحال الى المحاكم العادية لمحاكمتهِ ومجازاتهِ تبعًا لشرائع البلاد واما اذا وقع في قبضة العدو في ابان الحرب فيحال الى مجلس حربي وجزاؤهُ عادة الاعدام اما شنقًا او رميًا بالرصاص ولكن اذا تمكن جندي او ضابط من خرق مناطق العدو بدون ان يتنكر وتمكن من الوقوف على حركات العدو ثم وقع في قبضتهِ فلا يعدُّ جاسوسًا بل أسير حرب وللجاسوسية في الحرب اخصام واعوان . فالعلامة مونتسكيو الشهير وفيور وواتل من اكبر اخصامها . بخلاف العلامة سويرل وكالفو وهفتر ومارتنس فهم من انصارها والقائلين بلزومها في الحرب وفردريك الثاني ملك بروسيا كان من اشد اعوانها وكثيرًا ما لجأ اليها وكذلك نابوليون الاول . ويقول العارفون ان الجاسوسية كانت للبروسيانيين في الحرب السبعينية اكبر عامل لظفرهم

ورغماً عن شرعية الجاسوسية فجزاء الجاسوس الاعدام كما تقدم نظرًا لاخطارها وسوء عواقبها . ولا فرق فيما اذا كان الجاسوس وطنيًا دفعتهُ غيرتهُ على بلاده الى اقتحام ذلك الامر او مغرورًا بمالٍ . اذ النتيجة واحدة في الامرين

وانما يشترط لمحاكمة الجاسوس ومجازاتهِ ان يلقى القبض عليهِ وهو في حال التجسس فاذا فاز بالاياب سالمًا ثم عاد فسقط بيد العدو أُعد اسير حرب ولا يجوز ان يضام من اجل عملهِ السابق . واما اذا كان الجاسوس من رعايا الدولة التي اسرتهُ عدَّ خائنًا لبلاده فيحال حينئذ الى المجالس العادية لمحاكمتهِ . وجزاء الذي يجرب الجاسوسية تجربة كجزاء العامل فعلاً

ولا يجوز مجازاتهُ الا بعد محاكمتهِ واثبات التهمة عليهِ منعًا لارتكاب الخطإِ والذهول ودفعًا للشك والاوهام اذ كل عدوٍ في الحرب ميال بالطبع الى كثرة الشك والارتياب

في الجنود الفارة او المنضمة الى العدو

قد يتفق ان بعض الجند يفر من جيشهِ تخلصاً من عناء الحرب او هجرة و بعضهم

ينضمون الى جند العدو ويلحق بهِ · وهذا العمل يعد بالطبع خيانة تستحق الجزاء الصارم واختلف الشراع فيما اذا كان يحق للفريق الذي لجأ اليهِ هارب ما ان يعيده من حيث اتى او يسلمهُ الى حكومتهِ · فبعضهم اوجب ذلك وبعضهم لم يوجبهُ · ومن البديهي انهُ لا يحق لهُ مجازاة الهاربين من صفوف اعدائهِ لأن ذلك الفرار لا يؤثر الاَّ بعدوهِ وليس لهُ نفع باعادتهِ اليهِ · وانما يحق لهُ طرده وعدم قبولهِ ولا يعد ذلك الطرد خيانة او عقوقًا لعدم ارتباط احد الفريقين بعهد ما · والعادة الجارية عدم تسليم الجنود الفارة الى العدو ولو الحَّ في الطلب

في السعاة وحاملي البريد

اذا كان السعاة من الجند وكانوا متقلدين سلاحًا ومرتدين اللباس العسكري وقد عهد اليهم نقل المراسلات خطية كانت او شفاهية الى قوات الجنود المعادية او الى مدينة محصورة او الى الحكومة نفسها فاذا وقعوا بيد العدو وهم قائمون باجراء مهمتهم يعدون اسراء حرب

ولكن اذا كانوا بخلاف ما تقدم يعاملون بمقتضى الاحوال التي وقعوا بها في ايدي العدو · فان لم يأتوا امرًا ممنوعًا ولم يستعملوا الخدعة عدّوا اسراء حرب والاَّ اذا عمدوا الى الاستتار او الانكار والحيلة عدوا جواسيس · وكذلك حاملو البريد اذا وقعوا في يد العدو فهم اسرى ويحق ضبط رسائلهم والوقوف عليها واما اذا كانوا يحملون رسائل بين المتحاربين انفسهم فتنقلب صفتهم فلا يجوز حينئذ مسهم ولا ضبط رسائلهم اذ يصبحون كحاملي المخابرات السياسية

في الادلاء

تختلف معاملة الادلاء باختلاف حالاتهم واجناسهم فاذا كان الدليل جنديًا من جيش العدو وقد استوطن البلاد وعرف طرقها واختبر معابرها ومسالكها ثم وقع في يد العدو فهو اسير حرب ولا تؤثر دلالتهُ شيئًا · ولكن اذا كان الدليل من ابناء البلاد وهدى العدو الى مسالك وطنهِ يعد عملهُ خيانة فيجازى عملاً بشرائع بلاده تبعًا للنظامات العسكرية وخصوصًا اذا عمد الى تلك الخيانة رغبة في كسب درهم او مطمع آخر ادنى اما اذا ثبت انهُ حمل على ذلك من العدو قهرًا فلا يجوز حينئذ ضرهُ او مجازاتهُ

في الرواد

الرواد يكونون عادة من الضباط يعهد اليهم استكشاف مواقع العدو ومراقبة حركاته وترتيب قواته فاذا وقعوا في ايدي العدو كانوا اسراء حرب لان عملهم كان ظاهرًا . واذا كانوا من غير الجند عوملوا تبعًا لظروف الحال ولا يجوز عدهم جواسيس

في راكبي المناطيد (البالون)

صار للمناطيد في ايامنا هذه اهمية كبرى مع ان استخدامها كان قديمًا فقد استخدمها الفرنساويون في معركة فلوريس في ٢٦ حزيران (يونيو) ١٧٩٢ وفي حصار مايانس سنة ١٧٩٤ ولكن لم يبحث احد عن الكتبة والمولفين في شرعية استعمالها وكيفية معاملة راكبيها الا بعد الحرب السبعينية ولا يخفى بانها افادت الفرنسويين كثيرًا فان غمبتًا طار بها وتخلص من باريس وقد طوقها العدو من كل جانب وسقط في مدينة « نور » حيث اعدّ الدفاع الوطني الامر الذي اهاج بسمارك فتهدد بمعاملة راكبي المناطيد معاملة الجواسيس طبقًا لشرائع الحرب — ولم يكن في ذلك العهد فقرة واحدة تشير الى المنطاد . . . ورغب بعض كتبة الالمان في تأييد دعوى بسمارك في هذه القضية فلم يفلحوا اذ ان معظم المتشرعين يعدون راكبي المناطيد كالرواد والسعاة الذين يخرقون صفوف الاعداء علانية بالبستهم الرسمية فيتسلقون الجبال والهضاب استكشافًا لمواقع العدو وانما اجازوا تصويب المدافع والبنادق على المناطيد والسعي لاسقاطها فاذا افلحوا وجب معاملة راكبيها كاسرى حرب

ومن الغريب ان الشارع بلونتشلي الالماني الشهير ادعى بان الفضاء الذي يكون فوق معسكر جيش هو خاص بذلك الجيش . وقد جعل حدودهُ من ثلاثة الاف الى اربعة الاف قدم صعودًا . . . وردّ عليهِ الشارع كالفو فقال ان مثل راكبي المناطيد مثل بحارة سفينة تمكنت من خرق ثغر محصور بمراكب العدو فمن يخرق الهواء كمن يخرق الماء . ووافق على قولهِ مؤتمر بروكسل ولم يسع مندوبو المانيا الا الاعتراف بوجوب معاملة راكبي المناطيد معاملة اسرى حرب

في مراسلي الجرائد

اصبح لمراسلي الجرائد السيارة الذين يرافقون الجيوش في الحروب مقام رفيع· وكثيرًا ما تكون الصحف اسبق في نشر اخبار الحرب من القواد انفسهم · فان مراسل جريدة التيمس هواول من بشر الامة الفرنساوية بدخول جنودها ظافرة الى تنانا اريف قاعدة مداغسكر · ومكاتب روتر سبق الجنرال روبرتس قائد الجيوش الانكليزية حالاً في الترانسفال في تبشير الامة الانكليزية برفع الحصار عن « مفكين » بعد حصار ستة اشهر · وقد انفذت جريدة الدالي مايل وحدها خمسة عشر مراسلاً الى حرب الترانسفال فلم يسلم الا واحد منهم وسقط الباقون اما قتلى او اسرى واما مرضى وكفى بذلك دليلاً على أهمية الصحافة في ايامنا · ورغماً عن ذلك فلم يتقرر في امرهم شيء بعد وانما يحق للقائد العام قبولهم في لحاق جيشهِ او رفضهم ويحق له ايضًا مراقبة رسائلهم التلغرافية وحجزها اذا كانت مضرة بحركاتهِ

فاذا وقع مراسل في قبضة العدو لا يحق له المطالبة بان يعامل كاسير حرب اذ للعدو حرية التصرف بهِ وانما جرت العادة بحسن معاملتهم ورعاية مقامهم

في الاجانب الذين ينخرطون في جيش العدو

لا فرق اليوم في كيفية معاملة الجنود الوطنية التي تحارب دولة عدوة لها وبين الجنود والضباط المأجورين الذين ينخرطون في صفوف العدو طمعًا بمال او انتصارًا لهم · ويذكر القراء حسن معاملة الانكليز للضابط الفرنساوي فيلبوى دي ماريول الذي سقط قتيلاً في حرب الترانسفال بعد ان اضرَّ بالانكليز ضررًا كبيرًا وكيف احتفلوا بدفنهِ واكرموا رمتهُ مما يدل على عدم اهمية هذه المسالة في ايامنا الحاضرة

ولا يخفى بان لا فرق في ما تقدم بين معاملة الرجال والنساء فالجزاء واحد لكلا الجنسين

الفصل الرابع

في واجبات المتحاربين بعد القتال

على المتحاربين بعد الاعتراك وانجلاء القتال واجبات هامة توجبها الانسانية وفروض مقدسة تدعو اليها المروءة والمدنية نحو من خانهم الدهر وسقطوا في حومة الوغى اما قتلى او جرحى او اسرى

القتلى

قررت عادات الامم المتمدنة ثلاثة واجبات نحو القتلى

الواجب الاول صيانة جثثهم وحرمة ابدانهم فلا يجوز سلب ما عليهم او تفتيش جيوبهم بل يجب اعادة كل ما يعثرون عليهم الى ذويهم بواسطة حكوماتهم ولكن لا يخفى ما في تنفيذ هذا الامر بالدقة من الصعوبة والمعاذير

الواجب الثاني . تحقيق شخصية الميت فلا يجوز دفنهُ الاَّ بعد ان اخذ جميع الاشارات والعلامات المثبتة حقيقة شخصهِ . وكانوا يهتدون سابقًا الى معرفة القتيل بواسطة تذكرتهِ ونمرة فرقتهِ مع كنية سجلهِ . واما الآن فتسهل معرفتهُ اذ كل جندي يخيط في جيبهِ صفيحة نحاسية قد حفر عليها جميع ما يلزم للهداية اليهِ فمتى تم التحقيق عن كل ذلك وجب ارسالها الى الفريق الآخر مع الموجودات التي وجدت عليهِ

الواجب الثالث : دفن القتلى باحترام . وذلك فرض محتوم يعود على الظافر او على الراسخ والراكز في ساحة القتال . وكثيرًا ما يتفق القواد على هدنة وجيزة ريثما يتمكن كل فريق من دفن قتلاه ونقل جرحاه

ويجب على الاخص اخذ الحيطة والحذر التام من التسرع بدفن القتلى خيفة من ان يكون بينهم جرحى في قيد الحياة . ثم الحرص من عدم تفشي الاوبئة القتالة او الامراض المعدية وغير ذلك مما هو معروف من قواعد الصحة وحفظ الابدان

في الجرحى والمرضى

لا شيء اولى بالاعتناء وادعى الى الرأفة والحنان من الجرحى او المرضى الذين يسقطون في ساحة القتال دفاعاً عن اشرف بلادهم وذباً عن وطانهم وهم بعيدون عنه ناؤون عن الاهل والخلان · ومن الواجب البديهي ان يعتني كل فريق بجرحاه ومرضاه ولكن قضت الشرائع الدولية على كل فريق من المحاربين بالاعتناء بجرحى الفريق الآخر ومرضاه كأنهم من جنده بلا ميزة او استثناء وقد استنبطوا من عهد ليس قريب مستشفيات نقالة لتلك الغاية · وكان القواد يتعاهدون قديماً قبل تصادم الجيشين على كيفية الاعتناء بجرحى بعضهم بعضاً ويتواثقون على العناية بهم وتمريضهم مع حفظ كرامة الممرضين والاطباء والجراحين وغيرهم من القائمين بخدمتهم · وانما كانت تلك المعاهدات موقتة يجهلها الجند و يتعذر عليهم اجراء منطوقها

ولا يخفى ان عدد الجرحى في الحروب الحاضرة يتكاثر من يوم الى آخر لما اخترعوه من الآلات الحاصدة للارواح والقذائف الهائلة

جمعية الصليب الاحمر

الفضل في التفكر بحالة الجرحى والاشارة بوجوب استنباط طريقة لسرعة معالجتهم وتمريضهم يعود الى رجل سويسري الاصل من اهل البر والاحسان يدعى هنري ديران وكان قد تفقد عام ١٨٥٩ ساحات الحرب التي نشبت بين فرنسا والنمسا في شمالي ايطاليا وشاهد اهم معاركها المعروفة باسم سولفرينو وكان قد سقط بها اربعون الفاً بين جريح وقتيل ونحو ذلك العدد من المرضى وكان قد اخذ على نفسه الاعتناء بمواساة الجرحى ومعالجتهم فشاهد بلواهم بام عينه وسمع انينهم وعويلهم وبكاءهم باذنيه ما تنفطر له القلوب فنشر بعد الحرب كتاباً سماه تذكار سولفرينو شرح فيه ما عاينه ووصف حالة اولئك احسن وصف ما اهاج العواطف واثار الحاسات الانسانية في عموم الطبقات ومختلف البلدان وشاركه في جهاده الخيري جمعية خيرية سويسرية وكانت الغاية اولاً تأليف جمعيات في كل بلاد لمساعدة جرحى الحروب · ولكن اشار بعض الالمان بوجوب تعاهد الدول على صيانة تلك الجمعيات وعدم التعرض لها وغير ذلك مما استلفت انظار الحكومة السويسرية فدعت في ٦

حزيران سنة ١٨٦٤ جميع الحكومات الاوربية والاميركية لعقد مؤتمر دولي في جنيڤيا وساعدت فرنسا ذلك المشروع كثيرًا فتم انعقاده في ٨ آب ووضعوا مشروعًا قرروا فيهِ كيفية معاملة الجرحى في حومات الوغى وصادق عليهِ معتمدو الدول الاوربية اجمع ووافقت عليهِ اخيرًا تركيا والعجم واليابان وسيام والكونغو وغيرها واضيف الى ذلك المشروع بنود خاصة بالمعارك البحرية لم يتم مصادقة الدول عليها حتى الآن

ولا يسعنا في هذا المختصر الاَّ اقتطاف اهم ما جاء في ذلك المشروع من الامور التي تختص بمعاملة جرحى الحرب

١ = قرروا وجوب حياد المستشفيات وعدم ضرها او مسها اذا كان فيها مريض او جريح على شرط الا يكون فيها جند ما لاي عذر كان سواء للهجوم او الدفاع

٢ = صيانة الاطباء والممرضين والجنود النقالة والكهنة . فاذا وقعوا في قبضة العدو لايمكن عدهم اسرى حرب ولكنهم اما يبعثون في اجراء وظيفتهم عند العدو واما يرجعون الى معسكرهم مخفورين

وليس في ذلك المشروع ذكر للجمعيات الاخرى التي تتألف عادة عند انتشاب الحرب لمساعدة الجرحى ولكنهم في الغالب يحسنون معاملة القائمين بها . والسكان الذين يعتنون بالجرحى يعفون من ضرائب الحرب وغرائمها

٣ = الاعتناء بجميع الجرحى على السواء بقطع النظر عن مللهم او اجناسهم او مذاهبهم ويحق للقواد اعادة الجرحى الى معسكرهم اذا تعذر عليهِ تمريضهم

٤ = اعادة الجرحى الذين لايصلحون للحرب بعد شفائهم الى بلادهم

٥ = لايحق لاحد التعرض لعجلات الجرحى او لقطرها الاَّ اذا كان سيرها مضرًا بحركات الجند وترتيب صفوفهِ فيحق للقائد اجبارها على السير في طريق آخر

وقد اتفقوا تسهيلاً لتمييز تلك العربات وعمال تلك المستشفيات على علامة تظهر عن بعد فاختاروا العلم السويسري اعترافًا بفضل تلك البلاد على هذه الجمعية وهو صليب احمر على علم ابيض يرفعونهُ على قمم المستشفيات او على ظهور العربات

والقطارات ويتقلده المرضون والمستخدمون على سواعدهم

وقد ابدلت الدولة العثمانية الصليب الاحمر بهلال احمر ابان الحرب الاخيرة مع الروسية وصار الهلال من ذلك العهد علامة مستشفيات الدول الاسلامية واشار البعض بوجوب اختيار علم آخر جديد ليس فيهِ اشارة الى ديانة او انتماء الى امة

واثارت هذه المسأَلة خلافًا شديدًا بين الفرنسويين والبروسيين في الحرب السبعينية واشتد اللجاج بين بسمارك والكونت دي شدودري من اجل كيفية معاملة الجرحى وكان كل فريق يلقي الذنب على الفريق الآخر بلا جدوى ولا طائل

واما الدولة الروسية فقد جمعت في كراس صغير جميع التعليمات اللازمة بهذا الشأْن ووزعتهُ على جنودها وكلفتهم حفظ قواعده والعمل بموجبهِ

وجملة القول انهُ مع ما في ذلك المشروع الجليل من الخير والبر والاحسان وما نجم عنهُ من الفوائد فقد وجدوا فيهِ بالاختبار نقصًا لاتزال الامم المتمدنة تسعى في سده رحمة ببني الانسان

في اسرى الحرب

كان الاقدمون في سالف الزمن يعتبرون العدو الذي يقع في قبضة ايديهم اسيرًا لاتحميهِ الشرائع الانسانية فكانوا يذبحونهم كالاغنام بلا شفقة ولا حنان

كذلك كانت عادة الاشوريين والفينيقيين والمصريين واليهود في حروبهم ولم يكن عملهم محصورًا في الاسرى بل كان يتناول جميع السكان بلا تمييز في الاجناس والاعمار . ولكن لحسن الحظ (كذا) تغلب الطمع على الظافرين فابدلوا القتل بالاسترقاق وهذه اول خطوة خطتها الحرب نحو المدنية .... والفضل الاكبر فيها عائد الى الرومان لانهم اول من استعبد الاسرى وسخر الشعوب المغلوبة . ثم جعلوا عبدية الاسير خاصة بالدولة وليس بالجندي الآسر او قائده ولكنهم عادوا في القرون الوسطى الى تلك العادة الوحشية فصاروا يذبحون الاسرى وكثيرًا ما كانوا يذبحون سكان المدن وخصوصًا اذا استقتلوا في الدفاع او ثبتوا في القتال وكان للظافر عندهم الحق المطلق في التصرف باسيره ولهُ الخيار

في قتلهِ او بيعهِ او استرقاقهِ ثم انتشرت عادة الفدية فاثرى بسببها عدد من القواد وغنموا اموالاً طائلة واصبحت الحرب تجارة رابحة ووصل بهم الحد الى تعيين تعريفة لكل فئة من الاسرى كما يفعل التجار في تقدير اثمان سلعهم

واخيرًا بطلت تلك العادة وخطت الحرب خطوة مهمة في هذا الشأن في اواخر القرن الماضي فانتقد المؤرخون قساوة الجنرال بونبارت لذبحهِ الفي اسير في يافا وحملوا عليهِ حملات شديدة رغماً عن اعتذاره بانهُ لم يفعل ذلك الاَّ اضطرارًا بحجة انهُ كان قد امر بتسريح اولئك الاسرى المرة الاولى فعادوا الى قتالهِ · وانكروا على روسيا ايضًا ارسالها اسرى الفرنسيس عام ١٨١٢ الى سيبريا

واختلف علماء هذا الفن قديمًا فيما اذا كان يجوز معاملة الاسرى تلك المعاملة الوحشية · فاجازها بعضهم وحرمها الآخرون · واما اليوم فقد اجمع الشراع على مبداء عام وهو ان العدو الذي يقع في قبضة عدوهِ فهو اسير حرب يحجز موقتًا عن مشاركة قومهِ في القتال فلا يجوز قتلهُ ولا ضربهِ ولا بيعهُ ولا استرقاقهُ

وقد يتفق ان يجلب الاسير على الآسر ارتباكًا او يتعذر عليهِ حراستهُ او غير ذلك فهل يجوز والحالة هذه حرمانهُ من الامان وهل يجوز قتلهُ · — تلك مسألة دقيقة اجازها بعض الشراع مثل بلونتشلي وهافنر وغيرهما واما كالفوا وامثالهُ فقد حرموا قتل الاسرى تحريمًا تاماً وقالوا ان تعذر على الآسر حراسة اسراه وجب عليهِ ان يخلي سبيلهم ويطلق سراحهم لانهُ اذا كان لا يجوز للقائد احراق مدينة او قرية تعذر عليهِ حفظها في يدهِ فالاولى ان لا يجوز قتل النفس وهي اعزُّ واثمن من حجارة مرصوصة

وصار للاسرى في الحروب الحاضرة اهمية كبرى نظرًا لكثرتهم فقد بلغ عدد اسرى الفرنسيس فى الحرب السبعينية ١٦٠ و ١١ ضابطًا و ٨٨٥ و ٣٢٢ جنديًا فتأمل ·

ويتفق احيانًا ان يقع الملوك والوزراء وغيرهم من كبار المملكة في قبضة العدو فهم حينئذ أسراء حرب · اذ الغاية من الحرب اضعاف العدو بجميع الوسائل المشروعة · ولكن من البديهي ان معاملتهم تكون ممتازة موجبة للرعاية والاكرام · فلا يعاملون الملوك اليوم كما عامل شرلكان فرنسوى الاول ملك فرنسا : فالالمان اكرموا نابوليون الثالث اكرامًا فايقًا بعد اسرهِ في سيدان · وكذلك فعل

الفرنساويون بالامير عبد القادر الجزائري والروس مع الامير شامل الشركسي حتى بلغ منهم الحد الى معاملة ملوك الامم المتوحشة معاملة حسنة كما فعل الفرنسويون في بهانزين ملك الداهومي وملكة مداغسكر بعد ان اشتهر عنهما من الفظائع ما اشتهر وقد احسن الانكليز معاملة زعيم الزولوس ولكنهم اساؤا معاملة نابوليون الاول في جزيرة القديسة هيلانه . بيد انهم اكرموا كرونجه القائد الترانسفالي كثيرًا وهو اليوم اسيرهم في تلك الجزيرة

في كيفية معاملة الاسرى

الاسر عند الامم المتمدنة عبارة عن حجز موقت يمنع الاسير من مساعدة قومهِ في القتال او الدفاع ويكون تحت سلطة الحكومة وحمايتها وليس بقبضة الجندي او القائد الذي اسره وللظافر الحق المطلق في حرمانهِ من حرية الرجوع الى معسكره ولكنهُ لا يحق لهُ قصاصهُ او تعذيبهُ او اهانتهُ او تشويههُ او حرمانهُ من الطعام او الشراب باعتبار كونهِ عدوًّا وقد وقع اسيرًا . وواجبات الاسير الرضوخ لنظام الظافر فاذا تمرد او عصى حق عليهِ الجزاء او القصاص فيحال الى مجلس عسكري واذا ارتكب جرمًا عومل بموجب ذلك النظام

ولا يجوز الاستيلاء على امتعة الاسرى او سلب ما عليهم من الحلي والدراهم فاذا دعت الضرورة الى نزعها من ايديهم وجب اعادتها حين تسريحهم واما الاسلحة فهي بالطبع غنيمة الآسر وانما جرت العادة من قبيل المجاملة رد السيوف الى الضباط فقط

والاسرى يرسلون عادة الى مدينة محصنة او معقل او الى معسكر ويحددون لهم محلاًّ معلومًا لا يتعدونهُ او يطلقون لهم حرية التنزه على شرط الحضور في ساعة معينة لتعدادهم

ويعطى للضباط حرية اكثر ما للانفار . ويجوز احيانًا سجن الاسرى خوفًا من الهرب او اذا خالفوا النظام وانما العدالة تقضي ألاَّ يسجنوا مع المجرمين

ويجب معاملة الاسرى بالرفق وعلى الحكومة الاهتمام بهم والعناية بامر معيشتهم تبعًا لشروط مقررة بين المتحاربين فاذا لم يكن ثمة شروط معروفة وجبت معاملتهم من

حيثية المطعوم والمشروب معاملة الجنود الظافرة على السواء وتبقى النفقة على الغالب حتى يقع الصلح او التبادل

يؤذن بعض الاحيان للاسرى بالاشتغال كسبًا لمعيشتهم وانما تلك منة واحسان من الظافر

والعدالة والشرف العسكري يحرمان اجبار الاسير على مشاطرة بلاده في عمل حربي مهما كان كما انهُ لا يجوز الاساءة اليهِ لحملهِ على افشاء سر جندهِ او الافادة عن احوال وطنهِ

وقد اجازوا تشغيل الاسرى في أشغال عامة على شرط ان لا تكون تلك الاشغال متعبة او مخطرة او محطة بمقام الجندية وان لا يكون لها علاقة بالحرب المنتشبة ·

فرار الاسرى

اذا حاول الاسير الهرب فلا يعد فراره جرمًا وانما محاولتهُ هذه تعرضهُ الى صرامة شديدة واحتياطات اخرى شرعية يحق للآسر اتخاذها ·

فيجوز اطلاق الرصاص عليهِ في اثناء فراره على شرط ان يخطر بذلك · ولكن اذا تمكن من النجاة ولحق بمعسكرهِ ثم عاد فوقع اسيرًا مرة ثانية فلا يمكن مجازاتهُ لفراره الاول لان الفرار من الاسر كما ذكرنا لا يعد ذنبًا بل يعرض الفار الى التشديد والمراقبة بصفة خاصة

اذا حدثت مؤامرة عامة بين الاسرى على الفرار جملة او افرادًا وكشف امرهم وقع المتآمرون تحت القصاص والعقاب الشديد حتى انهُ يجوز الحكم عليهم بالاعدام اذا اقتضت الضرورة ذلك وكان الذنب كبيرًا

لا يجوز جعل الاسرى متكافلين فاذا لاذ بعضهم بالفرار فلا يسوغ مقاصة رفقائهِ الآخرين كما فعل القائد البروسياني فالكنستين في الحرب السبعينية فانهُ امر بحجر عشرة أنفار كلما فر أسير من رفقاهم

يسرح العدو احيانًا أسراه مرخصًا لهم بالعودة الى وطنهم اذا وعدوا وأقسموا بالاستكانة وعدم تجريد السلاح عليهِ في الحرب المنتشبة

فيحق للاسير عند عودتهِ الى وطنهِ ان يستخدم في الوظائف الملكية والسياسية مع

الاذن بتعليم الرديف وقمع الثائرين و بمحاربة عدو آخر لبلاده اذا لم يكن محالفًا للعدو الذي اطلق سراحهُ

على الاسير المسرح القيام بوعده فان اخلف بهِ وحنث بيمينهِ جازت مجازاتهُ حتى الحكم عليهِ بالاعدام ولكنهم قلما يصلون الى هذه الصرامة الا لضرورات داعية

اذا أُطلق سراح اسيرٍ ما بعد ان وعد وأَقسم هل يجب على حكومتهِ احترام يمينهِ واعفاؤهُ من الخدمة العسكرية ؟— تلك مسأَلة منوط امرها بشرائع البلاد الداخلية فاذا كانت تجيز لجنودها الوعد تحتم عليها القبول بهِ والقيام بموجبهِ والا حق لها مجازاة جنديها لمخالفتهِ شريعة بلادهِ ولكن يجب رغماً عن ذلك احترام وعده وقسمهِ . كذا افتت فئة من المشرعين . واحسن ما ذكر في هذا الباب ما جاء في تعليمات الولايات المتحدة وذلك انهُ اذا رفضت حكومة ما قسم جندها وجب عليها ارجاعهم بالحال الى اسرهم فاذا رفض العدو قبولهم فهم براءٌ من يمينهم . ومؤتمر بروكسل يشير على الحكومات بقبول يمين جنودهم منعًا للمشاكل

الاسر يبطل بمبادلة الاسرى ويكون باتفاق خاص يسمى «كارتل» والمبادلة هي اختيارية وانما يجب التصريح في الاتفاق فيما اذا كان يجوز للجنود المسرَّحة العود للخدمة العسكرية

والمبادلة هي ان يبدل جندي بآخر وضابط بضابط وجريح بجريح ومريض بمريض . وهكذا كل على نسبة رتبتهِ ومقامهِ وحالتهِ . ويجب على كل أسير أن يصدق القول في اعلان رتبتهِ بدون تمويه او تضليل . والضابط يبدل عادة بعدد معلوم من الانفار بنسبة رتبتهِ ومقامهِ

وينتهي الاسر اخيرًا بانتهاء الحرب وعقد الصلح فلا يبقى ثمة الا الاتفاق على شروط التسريح المادية كالغرامة وما أشبهها

هذا وقد كتب المشرعون فصولاً ضافية في هذا الباب اقتطفنا منها زبدة اقوالهم واهم آرائهم خوفًا من التطويل المملّ وهو لا يهم الاَّ الذين انقطعوا لدراسة هذا الفن

الفصل الخامس

في غير المقاتلين

قد حرمت حقوق الملل في عصرنا الحاضر ما كان جائزًا الى اواخر القرن الماضي وعليه فقد ميز الشراع في ايامنا هذه بين العدو المحارب و يسمونه « عدو عامل » والعدو غير المحارب وهو « عدوٌ غير عامل » فاجمعوا على صيانة السكان غير المقاتلين وعدم التعرض لحريتهم ومعاهدات الدول توجب حرمة اعراض النساء وصيانة الاملاك وعدم التعرض الى المعتقدات الدينية وغالبـًا يتعهد المتحاربون على ذلك عند اشهار الحرب

ولما اشتهرت الحرب السبعينية أصدر ملك بروسيا منشورًا الى الشعب الفرنساوي يقول فيه « اني احارب الجيش الفرنساوي وليس الفرنساويين فاني اتخذهم تحت حمايتي يتمتعون بأمن تام في جميع ما يخصهم طالما كانوا لا يجاهرون بالعداء نحو الجنود الالمانية »

و بناء على تلك القاعدة الاساسية لا يجوز جرح أحد من السكان او تعذيبه او اهانته ولا معاملته بقساوة واستبداد وعلى الاخص خرق حرمة العيال أو عرض النساء

ولا يجوز حملهم على قسم يمين الطاعة والامانة للعدو الظافر فان احتلاله البلاد انما هو وقتي

ولا يجوز اكراههم على مشاركة العدو في قتاله مع ابناء وطنه . ولا يسوغ تجنيدهم او سوقهم قهرًا الى الاسوار وحملهم على الهجوم او الدفاع ولا يجب قسرهم تهويلاً باباحة ما عندهم مما يفيد العدو و يأول الى ضرر بلاده ولا الى خيانة الاسرار وتفسير اشارات جنده . فان مثل تلك الخيانات توجب المجازاة عند جميع الحكومات

ولا يحق لعدو قهر أحد من السكان على حراسة مؤنته وذخائره والدفاع عنها ضد مواطنيه ولا اجبارهم على ركوب السكك الحديدية منعًا لجند بلاده من هدم الخطوط

او تمييد القطر . ولكن الالمان كثيرًا ما لجأوا الى تلك الوسيلة في اثناء حربهم الاخيرة . فقد كانت الجنود الالمانية تسوق اعيان المدن الفرنساوية التي احتلتها سوقًا فيركبونهم في العربات الكائنة في مقدمة القطر رهائن حتى اذا كان ثمة مكيدة او دسيسة لتمييد القطار او قلع الخطوط ان يقع البلاء على الفرنساويين فقط . وقد انتقد الفرنساويون كثيرًا على هذا العمل وعدوه مخالفًا لحقوق الملل مغايرًا للعدالة بحجة ان الانتقام بهذه الكيفية يقع على الابرياء

هذا وانما الحرب هي الحرب كما يقال فقد توجب ضروريها امورًا لا بد منها اجازتها شرائع الحضارة رغماً عن قساوتها وظلمها كوضع الضرائب على سكان المدن التي يحتلها العدو والاستيلاء على ما يحتاج اليه المحتلون من الادوات ونحوها وتسخير الافراد بنقل المؤن والذخائر على خيولهم وعرباتهم مع ما في تلك الامور من المشاركة للعدو في محاربة بلاده والتسهيل عليه في سبل الفتح والاستيلاء غير ان ذلك العمل لا يعد خيانة لانهم اجبروا عليه قهرًا

ولكن لا يجوز سوقهم الى ساحات الحرب وتعريضهم لاخطار القتال . فاذا كانت الطرق قد دمرت والجسور تعطلت يحق للظافر تسخير السكان في اصلاحها واعادة بنائها ولكن لا يحق له حملهم على فتح سكة جديدة حربية . وجرت العادة ان يجبر الغالب سكان المدن التي يمر فيها ان يدلوه على الطريق ولا يخفى ما لهذه الدلالة من الاهمية فهي اشد ضررًا على بلاده مما لو كان الدليل في صفوف الاعداء ومع ذلك لا يعد عمله خيانة لانه فعل ذلك مكرهًا

ومن البداهة ان الدليل اذا تبرع من تلقاء نفسه بدلالة العدو على طرق البلاد عد عمله خيانة واستحق الجزاء

فاذا خان الدليل وضلّ الطريق عمدًا فالعادة ان يحكم عليه بالاعدام نظرًا للاخطار التي يجلبها للعدو وانما يجب قبل الحكم عليه التدقيق والتحقيق فيما اذا كان تضليله عمدًا او جهلاً

﴿ في الرهائن والعصيان ﴾

لا يحق للعدو الغالب ان يرتهن عنده فردًا او افرادًا لكي يحمل سكان مدينتهم على اتيان امر ما . تلك عادة قديمة همجية قد حرمها المتمدنون

ولكن المغلوب مطالب باطاعة الغالب ذلك حق القوي على الضعيف فان عصاه حق عليه الجزاء · واختلف الشراع في كيفية معاملة السكان الذين شقوا عصا الطاعة واثاروا الناس على العدو المحتل بلادهم وقد تعذر على مؤتمر بروكسل حل تلك المسألة الدقيقة ولذا فانهم تركوا لكل قائد حرية العمل تبعًا لظروف المكان والزمان

ومن البديهي ايضًا ان القائد الذي يحتل مدينة مكلف بالحرص على سر حركاته وقواته فاذا افشى ذلك السر فرد من السكان حق للقائد مجازاته سواء كانت تلك الاباحة عمدًا او جهلاً سهوًا او ضمنًا · ولكن الجزاء يكون بقدر الجرم على ان يكون ذلك بعد محاكمته قانونياً

الفصل السادس

حقوق المحارب في ارض العدو

ذكرنا فيما تقدم ان الغاية الاولى من الحرب اثبات سلطة القوي على الضعيف لانها تنتهي باعتراف المغلوب بضعفه وانصياعه صاغرًا لشروط الغالب · فكل عمل يؤدي الى تلك الغاية كان حلالاً جائزًا والعكس بالعكس · وعلى هذا المبداء قسم الشراع الاعمال الحربية الى « ضروية » و « غير ضرورية » فالاعمال الضرورية هي التي تمكن العدو من اضعاف عدوه باسرع ما يمكن والغير الضرورية هي التي تطيل زمن الحرب وويلاتها بلا فائدة تذكر ولا نتيجة تحمد

وذكرنا ايضًا ان الحرب في ايامنا لا توجب اعدام جند العدو بأسره وهدم ابنيته وتخريب املاكه فحرمان العدو من الاقتتال والاعتراك ومنعه من الانتفاع بامواله وذخائره تكفي للوصول الى تلك الغاية

والقوات الحربية لا تقتصر على القوات العسكرية بل وهي تتناول القوات الاخرى الناتجة من اسباب الثروة كالعقارات والاملاك وواردات البلاد ولكن لا بد للوصول اليها من احتلال البلاد او فتحها وهذا مدار بحثنا في هذا الفصل

في طبيعة الاحتلال

كان للغالب المحتل من قديم الزمن الى اواخر القرن الثامن عشر حرية العمل ومطلق التصرف في ارض عدوّه وقد وافق الشراع والسياسيون على ذلك ولكنهم ميزوا في ايامنا بين الاحتلال الموقت والامتلاك الدائم . فاذا كان الاحتلال موقتاً حق للمحتل الاتيان بما يأول الى انتهاء الحرب ولكنهُ لا يحق له قلب الهيئة الحاكمة بامرها وان ساغ له منع تلك الهيئة من الانصياع لاوامر الحكومة الشرعية المغلوبة مع ترك الادارة على ما كانت عليهِ قبلاً والاكتفاء بالاستفادة من احتلالهِ العسكري الا اذا كانت تلك الهيئة معاكسة له فيحق له تشكيل حكومة موقتة لخدمة مصالحهِ اثناء الاحتلال . اما اذا كانت غاية المحتل ضم البلاد الى بلاده فيحق له قلب الهيئة الحاكمة وتاليف حكومة اخرى تجري الاحكام باسم الفاتح الغالب . كما فعل البروسيانيون عند احتلالهم الالزاس واللورين . ولكن مادامت الحرب قائمة فذلك الاحتلال لا يعدُّ شرعياً قانونياً . وسواء كان الاحتلال دائماً او موقتاً فالمحتل ان يأتمن على صيانة جنده لانهُ اصبح مسئولاً عن الاشخاص والجماعات التي وقعت تحت سلطانهِ . والعادة في مثل هذه الحال ان يصدر الغالب منشوراً يعلن فيهِ حدود الارض المحتلة وواجبات كل فريق . كذا فعل الالمان في الحرب السبعينية فوضعوا الاحكام العرفية في كل بلدٍ احتلوها

في شرائع البلاد بعد الاحتلال

تبقى الشرائع المدنية جارية مجراها في البلدان التي احتلها العدو الا اذا كانت مقاومة لصالحهِ وهو نادر . لان الشرائع تكون في الغالب خاصة بالافراد وليس بالحكومات وقس على ذلك القوانين والنظامات الخاصة بالبلديات

وقد جرت عادة المتغلبين ان يتركوا الاحكام الشرعية جارية مجراها الا اذا كانت مضرة بهم كاحكام القرعة العسكرية فانهُ يحق لهم حينئذٍ منع الاشخاص القادرين على القتال من الانضمام الى جنده

واصدر الامبراطور غليوم في الحرب السبعينية منشوراً في ١٥ دسمبر حرم فيهِ على سكان المقاطعات التي احتلتها الجنود البروسيانية اللحاق بالجيش الفرنساوي والانضمام تحت لوائهِ وقرر عقوبة كل مخالف بحجز املاكهِ ونفيهِ عشر سنوات من بلاده .

اما المحافظة على القوانين الجزائية فانها اشد لزوماً من جميع الشرائع والنظامات لان المتشردين واللصوص وقطاع الطرق يغتنمون فرص الحرب للتعدي والسلب فيجب والحالة هذه السهر والصرامة في الجزاء عبرة ومثالاً طبقاً لشرائع البلاد الاولية الاَّ اذا كان التعدي واقعاً على جنود المحتلين فيجازون حينئذٍ طبقاً لشرائعهم

في ادارة العدلية بعد الاحتلال

اذا كان الاحتلال موقتاً لا يحق للمحتل توقيف الاحكام العدلية او تغييرها بل يجب عليه صيانة حقوقها واطلاق الحرية لها لان الغاءها لا يجرّ الى الغالب نفعاً

ولهذا السبب عينه ليس من مصلحة القضاة الوطنيين اثارة الاحقاد ومعاكسة المحتلين . ولكن باسم من تجري تلك الاحكام ؟ — باسم سلطة الحكومة الشرعية الاصلية وقد ابادها العدو باحتلاله ؟ — ام باسم الغالب وسلطة جبرية غير شرعية ؟ — تلك مسألة سببت اختلافاً شديداً في الحرب السبعينية بين الالمان وقضاة الفرنسويين . لان الالمان رفضوا بادىء ذي بدء الاعتراف بالحكومة الجمهورية فاقترحوا على مدينة « نانسي » ان يصدروا احكامهم باسم نابوليون الثالث وكانت الامة الفرنساوية قد خلعته . فرفض القضاة اقتراحهم فطلبوا اليهم ان يقضوا باسم السلطة الالمانية العليا المحتلة الازاس واللورين وكانت غايتهم تحويل احتلالهم القهري الى احتلال شرعي فرفضوا ايضاً . فاقر القضاة اخيراً بالاجماع في جلسة عامة على توقيف الاحكام وأقفلوا المجالس وحذا حذوهم قضاة مدينة « لان » و « فرسابل »

هذا واذا اقترفت جنود الدولة المحتلة ذنباً نحو السكان سيقوا الى المجالس العسكرية وحوكموا طبقاً لشرائع بلادهم الجزائية

واما اذا اقترف بعض السكان ذنباً فتختلف طرق محاكمتهم باختلاف المحتلين . فالفرنساويون يسوقونهم الى مجالسهم العسكرية ويحاكمونهم كالجنود الفرنساوية . واما الالمان فانهم يضعون الاحكام العرفية في كل بلد احتلوها . وما ادراك ما الاحكام العرفية قال ولنكتون القائد الانكليزي الشهير « ليست الاحكام العرفية الاَّ ارادة القائد العام (كذا) »

في الموظفين والادارات

الاحتلال يعرّض الموظفين المحليين الى امور صعبة دقيقة لانهم مطالبون من جهة

باتباع اوامر رؤسائهم وحكومتهم المغلوبة ومن جهة اخرى بمراعاة الغالب الفاتح · وانما عليهم في كل حال تفضيل اطاعة حكومتهم الاصلية وترك وظائفهم اذا صدرت اليهم الاوامر بذلك · كما فعلت النمسا لما زحفت الجنود البروسيانية على مقاطعة بوهيميا في حرب سنة ١٨٦٦ فانها امرت جميع موظفيها على اختلاف طبقاتهم حتى انفار الشحنة بترك وظائفهم واخلاء البلاد · وقد انتقد بعض الشراع على هذا الامر ·

ولكنهم يميزون عادةً بين الموظفين السياسيين والموظفين الاداريين فالعمال السياسيون كالولاة وامثالهم ينسحبون امام العدو ويخلون البلاد

واما بقية الموظفين كالشيوخ واعضاء المجالس البلدية وعمال الجمارك وامثالهم فيمكنهم البقاء في وظائفهم رغماً عن الاحتلال مع تقديم مصلحة الوطن على كل شيء ·

ولما دخل البروسيانيون البلاد الفرنساوية في الحرب السبعينية ابدلوا الولاة بغيرهم من الالمان وطلب حاكم فرساليا الالماني من المامورين الفرنساويين البقاء في وظائفهم فرفضوا وردوه خائباً فغرّم كلاً منهم بدفع ٢٠٠ فرنك وزجّ اثنين منهم في السجن ... كذا ·

في الصحافة

الصحافة في الحرب من اشد الاخطار على القواد نظرًا لتسرعها في نشر الاخبار والحركات التي يجب ان تبقى مكتومة · وعليه جرت عادة القوّاد الذين يرغبون في اخفاء حركاتهم ان يمنعوا مخبري الجرائد من مرافقتهم · وقد يمنعون صدور الجرائد المحلية ايضاً · ولا يخفى بان الانكليز من اشد الاقوام رغبة في اطلاق الحرية للصحافة ومع ذلك فهم اشد الناس تضييقاً عليها في زمن الحرب · وعليه يحق للقائد اذا احتل مدينة او مقاطعة ان يقيد حرية الجرائد او يضعها تحت المراقبة او يلغيها اذا شاء كما تقتضيه ارادته وظروف الحال · على انهم كثيرًا ما يتخذونها وسيلة لخداع العدو ...

الفصل السابع

في اموال العدو الثابتة والمنقولة

الحرب تخول الظافر حق الاستيلاء على جميع ما يقع بقبضتهِ من اموال العدو من ثابت ومنقول ولكن الشراع ميزوا بين تلك الاموال فاجمعوا بداهةً بان للظافر حق الاستيلاء على حصون العدو وقلاعهِ وثكناتهِ وان لهُ مطلق التصرف بها ان شاء استخدمها لنفسهِ وانتفع بها وان شاء دمرها اذا اقتضت ظروف الحرب هدمها . على شرط ان يكون للجند صفة المحاربين كما تقدم وان يصدر القائد العام امراً خطياً بالهدم والتدمير

واما الابنية السلمية التي لم تبن للحرب كمعاهد العلم وصروح الادب والمستشفيات والمعابد والكنائس والمناصب والمكاتب والكليات وغير ذلك فلا يحق للظافر هدمها ولا تشويهها . بل يجب عليهِ صيانتها والحرص عليها وانما يحق لهُ تحويلها اذا اقتضت الظروف الى ثكنات او الى مستشفيات او مستودعات المؤن والذخيرة . وقد قال العلامة فاتل « من اهم واجبات الظافر صيانة المعاهد في شرف الانسانية وزينة المدنية وهدمها لا يزيد العدو منعة وانما يجعلهُ معدوداً من اعداء البشرية »

ولما دخل البروسيانيون باريس بعد سقوط نابوليون الاول عام ١٨١٥ ارادوا هدم عامود فندوم النحاسي الذي كان قد نصبهُ نابوليون بعد ظفره عليهم في معركة يانا المشهورة وسكبهُ من مدافعهم . فعارضهم القائد ولنكتون الانكليزي في هذا العمل . ثم حاولوا هدم الجسر المعروف باسم تلك الموقعة ايضاً فانفذ ولنكتون جنداً يحرسون جوار الجسر المذكور . اما فرانسوا يوسف امبراطور النمسا فانتقم من نابوليون (صهره) بحذق ولباقة . وذلك ان نابوليون كان قد شاد في مدينة ميلانو بايطاليا قبة نصر نقش عليها رسماً يمثل امبراطور النمسا فرنسوا يوسف خاضعاً لشروط التسليم التي اشترطها عليهِ . فلما استقال نابوليون في فونتبلو مكرهاً امر الامبراطور فرنسوا يوسف ان ينقش تجاه ذلك الرسم استقالة نابوليون المذكورة . . .

ولما دخلت الجنود الفرنساوية والانكليزية (بكين) عاصمة الصين سنة ١٨٦٠ اضرموا النار في قصر الامبراطور الصيني رغماً عن الحقوق والمعاهدات

ومن الغريب ان بعض الصحافيين لا يزالوا يلحون على الدول في الحرب المنتشبة

في الصين الآن بوجوب هدم قصر الامبراطور وتدمير جميع المعابد والابنية المقدسة عبرة للصينيين وإنتقامًا من البوكسر

و بعبارة اخرى يطالبون مقابلة الهمجية باعمال همجية اخرى وما الفرق اذًا بينها و بين المدنية ؟

هذا وقد حرّمت حقوق الدول اتلاف محتويات المكاتب وخزائن المتاحف لان اتلافها ليس من ضروريات الحرب على ان بيعها لا يجوز ولو قيل باستعمال ثمنها للحرب لان ذلك مخالف لمبادئ المدنية والعمران . وإنما اجاز بعض الشراح الاستيلاء على بعض مجاميع المتاحف او المكاتب غنيمة وشعارًا للغلبة والظفر . وإنما الاكثرية معاكسة لهذا المبدأ

وكان بونابارت قد نقل عام ١٧٩٤ بعد انتصاراته المشهورة في ايطاليا بعض ما وجد في متاحفها من الرسوم الجميلة والتماثيل القديمة والنقوش الفاخرة والآنية البديعة مأذونًا باتفاق خطي وقعهُ كل من البابا والدوق دي بارم وفنيسيا . فلما دخلت جنود الدول المحالفة باريس سنة ١٨١٥ بعد سقوط نابوليون اقترح اللورد كاسترلاغ معتمد انكلترة رد تلك التحف والرسوم الى متاحفها فاحتج الوزير تاليران بأن تلك التحف اصبحت ملكًا للامة الفرنساوية باتفاق معلوم . فلم يعبأ باحتجاجه بل هجمت جنود الدول المحالفة على متحف اللوفر في باريس واخرجوا منهُ تلك التحف عنوة واقتدارًا

واما الالمان في الحرب السبعينية فقد كانوا شديدي المحافظة والسهر على المتاحف التي وقعت بايديهم في فرساليا وسان جرمان ومعمل سفر . حتى ان البرنس بسمارك كان قد التمس من سيدة البيت الذي اقاما به في فرساليا ان تبيعهُ ساعة بسيطة كانت في غرفة اشتغاله تذكارًا له ورضي بالثمن الذي تقترحهُ فابت عليه ذلك . واخيرًا استولى على تلك الساعة عنوة وترك بدلها صرة من الدراهم تزيد عن ثمنها اضعافًا فحمل كتبة الفرنسيس عليه حملة شديدة لا يزال صداها يرن في الآذان لهذه الايام ولقبوه من اجل ذلك بسارق الساعات

﴿ في العقارات ﴾

اجمع الشراع واتفقت الحكومات بان للغالب حق الانتفاع بابنية العدو المغلوب وعقاراته على ان لا يحق له امتلاكها

وللظافر ايضاً حق الاستيلاء على واردات الدولة وصادراتها والانتفاع بمداخيلها فيجوز له كراء مزارعها واحراجها وجميع ما يختص بها والانتفاع من غاباتها وقطع اشجارها استخداماً لاخشابها في بناء الاستحكامات او فتح الطرق اذا اقتضت الحركات الحربية الدفاع · ولكن قطع تلك الاشجار يجب ان يكون تبعاً للنظامات الموضوعة والقواعد المسنونة للاحراج

في المنقولات

من البديهي ان للظافر حق امتلاك جميع منقولات العدو التي تستخدم للحرب كالاسلحة والخيول والذخائر وعربات النقل والمؤن وما اشبه ذلك

والقاعدة المرعية عند الدول ان تلك الغنائم هي للدولة وليست لافراد الجند الذين يغتنمونها · فان القائد العام يعطي بدلها لكل غانم مبلغاً معلوماً من المال . . . كذا فعل الالمان في الحرب السبعينية

في السكك الحديدية

للسكك الحديدية في الحروب الحاضرة اهمية كبرى لانها اصبحت ركناً قوياً للدول فاذا عرف القواد استخدامها كانت اكبر مساعد لهم على الظفر نظراً لسرعتها في نقل الجيوش وجمع الذخائر والمؤن وغير ذلك مما تحتاج اليه الجنود في حركاتهم الحربية · ولكن اهميتها هذه جعلتها عرضةً لطوارق الحرب ونصاريفها · واصبح همّ القواد الاول عند زحفهم على بلاد العدو الاستيلاء على السكك الحديدية وحجز جميع مهماتها ومعداتها من عجلات وارتال وقواطر فيستخدمونها لحاجاتهم ويحرمون العدو من فوائدها فيزيدونه ارتباكاً وقهراً · وقد حجز الالمان في الحرب السبعينية جميع السكك الحديدية الفرنساوية التي وقعت بقبضتهم وتولوا ادارة سيرها فاوجب ذلك جدالاً طويلاً في شرعية ذلك الحجز ونتائجه · ولكن لما كانت السكك الحديدية من اكبر العوامل في الحرب اصبح حجزها والحالة هذه شرعياً وانما تختلف نتائجها باختلاف البلدان وتبعاً لادارتها فالسكك الحديدية في المانيا وبلجيكا مثلاً خاصة بالحكومة واما في انكلترا فانها لشركات تجارية تحت مراقبة الحكومة وبعضها في فرنسا خاص بالحكومة وبعضها للشركات · فاذا كانت تلك السكك خاصة بالحكومات حق للظافر حجزها وتولي ادارتها والانتفاع منها ومن اجورها ايضاً طالما هو محتلٌ ارض

العدو ولكن لايحق له بيع شيء من مهماتها ومعداتها لانه ليس مالكًا

ونقطة الخلاف بين الشراع هي — هل يجوز للظافر استملاك تلك المهمات والمعدات وارسالها الى بلاده او لا ؟ فبعضهم من اجاز ذلك لان تلك المهمات حربية وبعضهم لم يجزه بدعوى ان الغاية الاولية منها تجارية وليست حربية فيحق للظافر الاستفادة منها واستخدامها طالما كانت الحرب متنشبة فاذا وقع السلم وجب عليه ارجاعها لاصحابها . وقد وافق على هذا القول مجمع حقوق الملل

واذا كانت السكك ملكًا لشركات خاصة حق للغالب الاستيلاء عليها منعًا للعدو من استخدامها وجاز له تولي سيرها ومراقبة ادارتها . فاذا وقع السلم وجب عليه ارجاعها لاصحابها بجميع معداتها . ولكنهم اختلفوا فيما اذا كان يجب عليه التعويض على الشركات المذكورة ما لحقها من الخسائر

ولما حجز الالمان في الحرب السبعينية جميع السكك الفرنساوية بلا استثناء عرقلوا حركات الجيش الفرنساوي وضعضعوا اركانه . ثم تولوا ادارتها ووعدوا الشركات بانهم يقتضون حسابًا مضبوطًا يدفعونه عند نهاية الحرب لكل شركة نصيبها وهكذا كان . فقد اضيف على معاهدة السلم بند يوجب انتخاب مفوض مختلط لتصفية حسابات الشركات المذكورة

في البريد والتلغراف والتلفون

من البديهي ان للظافر متى احتل ارض العدو حق الاستيلاء على جميع طرق مواصلاته البرية والبحرية واستخدامها لنفسه وحرمان عدوه منها . وفي يومنا الحاضر عند كل دولة متمدنة غرف خاصة منظمة لكيفية شؤون ادارة البريد والتلغراف والتلفون نظرًا لفوائدها وكثرة منافعها في سرعة نقل الاوامر والاخبار

وخلاصة الكلام ان حكمها في الحرب كحكم السكك الحديدية اي يحق للظافر الانتفاع بها واستخدامها او قطعها اذا شاء وليس له حق استملاكها فاذا وقع السلم وجب عليه ارجاعها بدون ان يكون مطالبًا باصلاحها اذا كانت متعطلة

في عوائد الدولة وضرائبها وديونها

من الامثال الدارجة عند الافرنج « عصب الحرب المال » والدولة بالطبع اشد حاجة اليه في زمن الحرب منها في زمن السلم وعلى هذا المبداء حق للظافر جباية

الاستيلاء على اموال العدو باجمعها سواء كانت خاصة بجنده او مودعة في صناديقه ومصارفه . وانما لا يحق له مس راس المال الخاص بالافراد والشركات الموجودة ولا في صناديق الاقتصاد والمعاشات والعجزة وغير ذلك . وانما يصعب في الحرب التمييز بين تلك الاموال

والاستيلاء على تلك الاموال لا يكفي احيانًا لاضعاف العدو . ولذلك فانهم اجازوا للغالب الانتفاع بمداخيل العدو وجمع ضرائبه وصرفها لادارة البلاد الذي احتلها ويجب ان تكون كيفية تحصيل تلك الضرائب تبعًا لقانون البلاد المسنون . فان تخلى الموظفون عن وظائفهم تولى الظافر بالطبع ادارة تحصيلها كما يشاء

واما اذا كان للدولة المغلوبة ديون مستحقة فيحق للظافر الاستيلاء عليها ايضًا والانتفاع بها وانما لا يسوغ له تحصيل الديون الغير المستحقة . كما انه لا يجوز للدولة المغلوبة الرجوع على السكان بعد السلم واجبارهم على دفع الضرائب والديون التي اقتضاها الظافر منهم في ابان احتلاله بلادهم . وهنا موضوع مباحثة طويلة بين الشراع في هذه المسألة اكتفينا بما تقدم خوفًا من ملل القراء

الفصل الثامن

في حقوق وواجبات المتحاربين وعقارات الافراد

كان القدماء في سالف الزمن يعتقدون ان الغاية من الحرب محق العدو وملاشاته وان الاستيلاء على ما هو خاص به واستملاك عقاراته من الحقوق البديهية الطبيعية بحجة ان كل ما اختص بالمغلوب هو غنيمة الغالب . وظلت تلك العادة متبعة الى الاعصر الحديثة . ومن الغريب ان بعض مشاهير الشراع كفاتل ومارتنس وكروسيوس قد وافقوا على هذا المبداء وذهبوا الى انه يحق للغالب الاستيلاء على ماشاء من اموال العدو سواء كان خاصًا به او بحكومته حتى اذا جاء الجيل التاسع عشر بتمدنه فنقض تلك العادة الهمجية وقرر ان الحرب انما تكون بين الحكومات وليست بين الافراد . والقتال يجب ان يحصر بين الجنود والجيوش وحرموا مس

ما يختص بالافراد الذين لو بقوا على الحياد لما امنوا من غوائل الحرب واضرارها اذ يكفيهم منها قهر دولتهم وزحف العدو على بلادهم

صيانة العقارات الخاصة بالافراد

حرم الشراع مس اموال الافراد وعقاراتهم لانها ليست من قوات العدو · وعليه فقد وضعوها تحت حماية حقوق الملل العامة وجاءت التعليمات الاميركانية ومؤتمر بروكسل ومنشور اكسفورد مطابقاً لذلك المبداء · وكان بونبارت يصدر في حروبه اوامر صارمة الى جنوده برعاية هذه القاعدة · وكذا فعل البروسيان في الحرب السبعينية ولكن لا يسعنا الا استلفات انظار القراء الى الفرق العظيم بين العلم بذلك المبداء والعمل به اذ يتعذر وقد يستحيل اتباعه بالدقة التامة والاَّ فكيف يتسنى للقواد الزحف بجنودهم الجرارة بدون ان يدوسوا المزروعات او يجيئوا في الحقول والبقاع ؟ وكيف يمكنهم القتال هجوماً كان او دفاعاً بدون اطلاق المدافع او بدون اصابة القرى والدساكر وغير ذلك مما لا بد منه ولذا اضافوا الى تلك القاعدة ذيلاً مؤداه : ان مبداء صيانة العقارات يكون مرعياً اذا لم يكن خرقه ضرورياً لحاجيات الحرب · وبعبارة اخرى حرموا ما ليس بضروري لحركات الجند وامنيته واباحوا ما هو لازم للظفر والقهر

نظام العقارات

لا يحق للغالب اذا احتل بلاد العدو ان يغير شيئاً من نظام العقارات او يمس املاك الافراد · فلا يجوز له حجزها ولا استملاكها حتى ولا استغلالها او استثمارها · وقد اجمع الشراع على ذلك المبداء · واضافوا اليه ان من مصلحة المحتل صيانة تلك الاملاك من طمع جنوده · وثانياً لان من واجبات الجند الامتناع عن الاتيان بامر لا فائدة له منه · فضلاً عن ان حسن تصرفه يساعد على اخضاع السكان واستسلامهم له · وعليه لا يجوز حرق المساكن او المزارع او الانبار والاهراء او اتلاف المغروسات او هدم الطرق او الاقنية او الابنية الاَّ اذا كانت كما ذكرنا لازمة للحركات الحربية · وانما يجوز للعدو مثلاً اتلاف الغلال والمحاصيل ليحرم عدوه من الانتفاع بها اذا تعذر عليه نقلها ولكن لا يجوز له قطع الاشجار كالزيتون او الكرم لان ذلك يضر بالسكان سنوات عديدة بدون فائدة للفاعل

ومبداء هذه الصيانة يجب ان يكون مرعياً في الاملاك والعقارات الخاصة بملك او رئيس الدولة المعادية واما راتبة المخصص له من الدولة فحكمة كحكم اموالها تبعًا لما ذكرنا

المنقولات

حكم المنقولات كحكم العقارات تمامًا فكل ما كان ضرورياً للحرب وحركاتها جاز حجزه او الاستيلاء عليه وما عدا ذلك عدّ شرهًا ونهبًا

وقد ذكرنا بان المنقولات والمهمات الخاصة بالافراد او الشركات اذا كانت تفيد المحتل لنقل مهماته كالسكك الحديدية وغيرها جاز له حجزها والانتفاع بها على شرط ردها لاصحابها بعد عقد السلم ·

اما الاسلحة فسواء كانت للحروب او للقنص يجوز حجزها ولو كانت خاصة بالافراد لانها تعد من وسائل القتال وانما يجب على الحاجز ردها او التعويض على اصحابها بعد نهاية الحرب ·

السخرة

السخرة هي ما يفرضه الظافر على السكان الذين احتل بلادهم من احضار ما هو لازم له من اي نوع كان · وكانت العادة جارية قديمًا حتى في اواخر القرن السادس عشر بان يختطف الجنود عنوة واقتدارًا ما يحتاجون اليه من غذاء ومشروب ولا يخفى بان ذلك العمل اقرب الى النهب منه الى السخرة ·

والوزير الفرنسوي لوفوي الشهير هو اول من الف ادارة منتظمة لتهيئة لوازم الجيش من المؤونة وقد حسنت جميع الدول المتمدنة تلك الادارات في ايامنا · ولكن مهما بلغ من انتظامها فلا بد من السخرة وهي تكون اما في ارض العدو او في ارض المحالفين على السواء والفرق انما يكون بدفع قيم ما يأخذونه من الخزينة وكثيرًا ما لجأ نابوليون الاول الى السخرة نظرًا لكثرة حروبه ووفرة جنوده · ومع ذلك فهي لا تعد شيئًا بالنسبة الى عدد الجيوش التي يمكن سوقها في هذه الايام · وعلى الاخص لسهولة انتقالها وسرعة حشدها في اماكن مختلفة ونقط متباعدة · ولهذه الاسباب يستحيل تجهيز كل ما يلزم لتلك الالوف لا بل لتلك الملايين من المؤونة والزاد · فالسخرة اذًا لا بد منها على كل حال والحاجة اليها تبررها وعاملها القوة وتعد مع ذلك شرعية في القوانين الملكية

والاحكام العسكرية .

وعليه يحق للعدو اذا احتل بلدًا ان يسخر سكانه في ماهو في حاجة اليه من منازل وملبوس ومفروش وماكول ومشروب واجبارهم على ايواء خيوله وحيواناته ومهماته وتقديم العلف لهم والنور والوقود .

ويحق له تسخير عربات النقل والحيوانات مع سائقيها وكذلك المراكب او السفن التجارية الماخرة في الانهار والبحيرات وتسخير الطواحين والافران وجميع المعدات التي يحتاج اليها لترميم الجسور واصلاح الطرق او الآلات المتعطلة . وتقديم جميع احتياجات المرضى والجرحى من الادوية والضمادات والاجهزة وغير ذلك مما يطول ايراده .

ولكن لا يحق للغالب اجبار المغلوب على تقديم معدات القتال او الذخائر . اما اذا وجدت فيحق له حجزها ولكنه لا يستطيع تسخير السكان في صنعها اذ يعد ذلك العمل اجبارًا لهم على مشاطرة العدو في قتالهم .

والعادة ان تكون السخرة بواسطة ضباط مخصوصين لتلك المهمة فيطلبون كل ما يحتاجون اليه من مشايخ البلدان او من رؤساء بلدياتها بعد ابراز امر القائد خطياً بذلك .

والمبدأ الرئيسي في ذلك ان المسخر مطالب بدفع قيم او اجور ما يسخره ولكن قلما يرضخ العدو الغالب لتلك القاعدة العادلة . وحكم الاجانب المتوطنين كحكم الوطنيين الاصليين فليس لهم حق الامتياز بشيء او طلب تعويض خاص لهم .

الضرائب المالية

تقسم هذه الضرائب الى جزية وغرامة . فالعدو المحتل يحق له تغريم السكان كلهم او بعضهم بمال معين اذا أصيب نفر من جنده باهانة . والمجالس الحربية تحدد مقدار ذلك المال ويجب ان يكون على قدر الجرم وان لا يلحق الابرياء . وقد شكا الفرنسويون كثيرًا من الالمان في الحرب السبعينية لانهم لم يكتفوا بجعل المدينة كلها مسئولة عن عمل فرد من سكانها بل كانوا يجعلون الناحية كلها مسئولة بعمل ذلك الفرد ويغرمونها . فان مدينة شاتيلون الصغيرة غرمت بدفع مليون فرنك — فقط لا غير — تعويضاً عن هدم جسر دمرته الجنود الافرنسية قبل رحيلها عنها . وغرموا

مدينة اخرى بعشرة ملايين فرنك من اجل تدمير سكة حديدية · وطلبوا اربعين الف فرنك تعويضاً عن قطع سلك برقي · وتنافر احد الجنود البروسيانية في مدينة « اورليان » مع احد سكانها فغرموا المدينة بدفع ستماية الف فرنك ·

اما الغرامة الحربية فانها عادة قديمة جدّاً وهي عبارة عن ضريبة نقدية يفرضها الغالب على سكان البلد الذي قد احتله · وقد حاول الشراع تفسير تلك الضريبة فسماها بعضهم تعويضاً للجنود يمنعهم من السلب والنهب · ولا يخفى ما في هذا التفسير من المخالفة لمبداء مدنية الحرب لان النهب والسلب محرّمان في هذه الايام عند الامم المتمدنة ·

وفسرها آخرون بان الغاية منها تعويض اكلاف الحرب على الغالب · وهذا التفسير مخالف ايضاً لمبداء آخر وهو ان الحرب تكون بين الحكومات وليست بين الافراد وكما لا يحق للغالب اجبار السكان على الانتظام بجيشه سدّاً لما نقص منه فلا يجوز له تكليفهم دفع ضريبة مالية مساعدة له على زيادة قهرهم والاّ فالخلط بين السكان والحكومات هو خلط في المسئوليات · فضلاً عن ان الاحتلال لا يكون نهائياً واذا وقع السلم لا يرضى الظافر احياناً باسقاط ما استولى عليه من الغرامة الحربية الاصلية ·

يبرهن على ذلك بما جرى للفرنسويين في حربهم السبعينية · فقد رفض الالمان اسقاط شيء مما غرموه لسكان المقاطعات التي احتلتها الجنود البروسيانية من اصل الخمس المليارات الغرامة الغارمة التي اقترحها بسمارك على الحكومة الفرنسوية · ومع ذلك فقد غرم البروسيون مقاطعة السين السفلى بدفع ٢٤ مليوناً ومدينة « روان » وحدها غرمت بدفع ستة ملايين وخمساية الف فرنك واجبرت على دفعها في اثناء خمسة ايام · وغرمت باريس حين تسليمها بعد حصارها بدفع مايتي مليون فرنك · والمقاطعات المحتلة بتسعة وثلاثين مليوناً و بلغ مجموع السخرة ثلاثماية وسبعة وعشرين مليوناً فضلاً عن الخمس المليارات · فتأمل

التعديات الغير المشروعة على الاملاك الخاصة

كانت العادة جارية الى اوائل القرن المنصرم ان يبيح القائد لجنوده نهب المدينة المحصورة وسلبها مكافأة لهم وتنشيطاً لهممهم · ووافق على تلك العادة بعض

ارباب الاقلام وفئة من الشراع ولكنهم حرموه في هذا القرن تحريمًا شديدًا . قال بلونشلي « ان حجج النهب لا تكفي لاخفاء همجية ذلك العمل الوحشي لان تحميس الجنود حتى يعملوا اعمال قطاع الطرق مغايرٌ للشرف العسكري . فضلاً عن انهُ مخالف للقاعدة الحربية المدنية = الافراد ليسوا بمحاربين = وعليهِ لا يجوز ضرهم او اذيتهم » فالنهب محرم اذًا حتى ولو كان من قبيل القصاص او المبادلة او من اجل اي عذر كان .

والفرنسويون يتهمون الالمان بانهم خالفوا تلك القاعدة في الحرب الاخيرة وقد جرى التحقيق على تلك الشكاية بامر من وزارة الداخلية فوجدوا مبلغ ما نهبوا يوازي نحو مايتين وستة واربعين مليونًا من الفرنكات . وصادق بعض المؤرخين الالمان على هذا العمل وسلقوا قادتهم بألسنة حداد . وانتقد الكتبة كثيرًا على الجنود الفرنسوية والانكليزية لنهبهم في الحرب الصينية عام ١٨٦٠ القصر الصيفي واحراقهِ بعد ان سلبوا جميع محتوياتهِ .

الغنائم

الغنيمة ما كان خاصاً بالجنود من الاسلحة والالوية والخيول وغير ذلك فيحق لكل جندي الاستيلاء عليها غنيمة . ولكن لا يجوز مسّ الحلي والنقود الخاصة بالجنود كما انهُ لا يسوغ مس ما هو خاص بالافراد . وللقائد العام الاختيار فيما اذا كان يترك تلك الغنائم للجنود او يعوضها عليهم بمبلغ من المال . وقد اصبحت تلك العادة قاعدة عمومية عند الدول المتمدنة واجمع الشراع عليها .

التعويضات

اذا اصيب بعض السكان بشيء مما تقدم ذكره : من ضريبة او سخرة او غرامة فهل يحق لهم طلب التعويض وممن يكون ؟ — يجب التمييز اولاً بين تلك الخسائر فاذا وقعت في الحرب بسبب هجوم او دفاع او اطلاق مدافع فلا يحق لهم طلب التعويض من احد الفريقين — لان الحرب هي من القوات الغالبة وشبيهة بالآفات السماوية كالطغيان وسقوط الصاعقة . ولكن لو فرضنا وحق لهم طلب التعويض فممن يكون ؟ امن الدولة الغالبة او من الدولة المغلوبة ؟ لا يكون من الدولة الغالبة لانها ليست مسئولة عما خربت مدافعها وقنابلها وزحف جنودها الاَّ اذا خالفت في سيرها

قاعدة من بعض قواعد الحرب المرعية فانها تكون مسئولة لدى الدولة المعادية والدول الاخرى . ولكن لا تكون بمسئولة عن شيء تجاه الافراد . واما الدولة المغلوبة فلا يحتم عليها شرعًا التعويض عما وقع على رعاياها من اضرار الحرب لانها تعد ذلك من القوات القهرية . واما فعلاً فقد جرت العادة ان تسعف بعض الدول رعاياها الذين اصيبوا برزايا الحرب شفقةً وحنانًا عليهم فقط . كما فعلت فرنسا في الحرب السبعينية وكذلك فعلت مصر بعد الحوادث العرابية . اما اذا وقع الضرر على بعض السكان من دولتهم في سبيل التحصين او الدفاع في الحرب فبالطابع يحق للخاسرين طلب التعويض من حكومتهم لنظامهم الخاص بهم .

وحكم التعويض على السخرة حكم ما تقدم ولكن العادة ايضًا ان الدولة تضع ضريبة على المقاطعات التي سلمت من اضرار الحرب اسعافًا للذين رزئوا بويلاتها . والعادة ايضًا ان يكون ذلك الاسعاف عامًا بقطع النظر عن رعية المرزوئين واجناسهم وانما تلك عادة وليست بقاعدة .

﴿ في اللصوص وسلابة الجنود ﴾

بعض الناس يلحقون الجيوش في الحروب فيغتنمون الفرصة للسلب والنهب ويطوفون مواقع القتال والعراك فينهبون الجرحى او الموتى . فاولئك هم اللصوص وسلابة الجنود وجزاؤهم القتل بلا سؤال او جواب لان عملهم يعد من الاجرام العسكرية الفظيعة . . اه

﴿ الفصل التاسع ﴾

﴿ العلاقات والمخابرات بين المتحاربين ﴾

ذكرنا فيما تقدم ان الحرب متى شهرت قطعت العلاقات بين الدول المتحاربة وكذلك الجيوش متى زحفت وتهيأت الصفوف للقتال وجب قطع العلاقات والمخابرات بين القواد وجنود الاعداء . والاّ سهل التجسس وهانت الخيانة فتضعف ثقة الجنود بقوادها ويكون ذلك باعثًا على اختلال النظام ودليلاً على ضعف القائد العام . ولكن لا يخفى بان الضرورة كثيرًا ما تقضي بالمخابرة بين القواد لتسوية شؤون

لا يمكن تسويتها الا برضى الفريقين · فكل اتفاق يتفقون عليه وجب عليهم وعلى حكوماتهم العمل به والقيام بشروطه بصدق واخلاص نية · ومهما يكن من مركز القائد العام عند حكومته فانه عند العدو حر في حركاته وحشد الجنود التي هي تحت قيادته · وقد حدث ان بعض الحكومات اعترضت على عهود بعض قوادها تخلصاً مما رضوا به واتفقوا عليه ·

ومحور تلك المخابرات والمقاولات – واسمها بالافرنسية (Cartel) (كارتل) تكون اما من اجل مبادلة الاسرى · او في جوازات التسريح والتأمين او الهدنات والتسليم

رسل الحرب

يختارون المتقاتلون لمخابراتهم في حروبهم رسلاً خاصة فينتخبون من بين الضباط اشدهم دهاء واكثرهم اقداماً واوسعهم خبرة فيحملونهم الرسائل والمخابرات ويعهدون اليهم نقلها الى العدو فعليهم اجتياز صفوفه الى القائد الاكبر يتقدمهم طبل او مبوق وجندي آخر رافعاً علماً ابيض · فاذا جهل الطريق او اللغة اصطحب معه دليلاً او ترجماناً · ومع هذا فالقواد غير مجبورين على قبول رسل العدو بل هم مخيرون في قبولهم او ردهم وانما يجب عليهم حينئذ اخطارهم عند خفارة الجيش او مقدمته بعدم امكان قبولهم واعطاء الاوامر اللازمة لارجاعهم الى معسكرهم سالمين

وقد يتفق ان يعلن احد الفريقين الى عدوه عدم قبول رسل من لدنه الى مدة محدودة حرصاً منه على بعض حركاته او غير ذلك · فكل رسول يتهجم بعد ذلك على خرق صفوف الاعداء يعد محارباً · ولكن لا يجب ان يكون ذلك المنع طويلاً والا فالتبعة على القائد عظيمة

ويتفق احياناً ان ينتدبوا الرسائل تلهية للقائد العام عن حركاته او كسباً للوقت فاذا وقعت الشبهة في ذلك حق للقائد رفض الرسول او امساكه والاحتفاظ عليه · واذا تقدم رسول والمعركة في احتدام والقتال في اشتداد والظفر يرفرف بين الفريقين جاز للقائد الظافر رفض الرسول واذا قبله حق له الاحتفاظ به الى ما بعد نهاية المعركة وليس عليه كف القتال وايقاف الزحف والهجوم حين مشاهدة علم الرسول والا اصبح الظفر عرضة للخطر كل حين

وقد اتفقت الدول وقررت جميع الشرائع من قديم الزمن ان رسول الحرب

مصون يحرم مسه او ضربه او اهانته او اسره او جرحه او قتله · ويحرم مس من كان بمعيته · فكل من يقدم على شيء من ذلك عدّ عمله جرمًا عظيمًا مخالفًا للشرف والقوانين الحربية واستحق الجزاء · وانما يشترط ان لا يعد ذلك الفعل جرمًا الاّ اذا وقع عمدًا · فاذا جرح الرسول او قتل وهو خائض صفوف الاعداء حين انتشاب القتال فلا يحق لباعثه الشكوى او اقامة الحجة لان ما اصابه قد يكون بالصدفة

ومتى اتمّ الرسول رسالته اعيد الى مقدمة جيشه مع المحوطات اللازمة لعوده سالمًا ومنعه من الوقوف على حركات العدو وقواته · فاذا كان قد اطلع على شيء من ذلك احتفظ عليه الى ما بعد نهاية المعركة

واذا كانت حقوق الدول قد منحت رسول الحرب حق الصيانة والامانة فقد حرمت عليه تعدي ذلك الحق او اتخاذ تلك الرسالة حجة للتجسس · فاذا ثبت انه استخدم الراية البيضاء وسيلة للوقوف على حركات جيش العدو او قوته عدّ جاسوسًا وعومل معاملة الجاسوس · ولكن لا بدّ قبل مجازاته من التبصر واعمال الفكرة واثبات ذلك الجرم اثباتًا بيّنًا نظرًا لما للراية البيضاء في الحرب من الاهمية وحقوق الحرمة والصيانة ويجب ايضًا اخطار العدو بامر تلك التهمة ·

اجازات التامين والتسريح والحماية

اذا اقتضت حالة الجند وحاجة البلاد حرية المرور في بعض حدود البلاد او فيما بين خطوط الجنود فالقوة العسكرية تمنح الاجازة اللازمة في هذا الشأن · وهي تقسم الى اجازتين احدهما تعطى للاشخاص وتسمى اجازة تسريح والاخرى للامتعة والبضائع وتسمى اجازة تأمين او ترخيص

فاجازة التسريح لا تعطي حق المرور الاّ لناقلها · فلا يجوز لاحد استخدامها او الانتفاع بها بخلاف اجازة التامين · واجازة التسريح تعطى لمن كان عليه صفة سياسية واحيانًا لمراسلي الجرائد او لغيرهم اذا شاء القائد العام وله وحده الحق في المنع او المنح · اما اجازة الحماية (sauvegarde) فهي اجازة خاصة تمنح لمعاهد العلم والادب والديانة كالمدارس والمتاحف والكنائس والاديرة حماية لها من غوائل الحرب وتعطى احيانًا للمطاحن والافران وغير ذلك مما يحتاج اليه الجند او السكان · وهذه الحماية تقسم الى قسمين « حماية ميتة » وهي اجازة خطية بسيطة تسلم لطالبها · و« اجازة حية » وهي خطية ايضًا ولكن تعطي لحاملها حق حراسة ابنيته بحامية خاصة مسلحة ·

القسم الرابع

الحرب البحرية

الحرب البحرية اشد هولاً وافسح مجالاً من الحرب البرية وتكون اما باحراق الاساطيل او اغراق الدوارع او تدمير الحصون او تخريب الثغور او هدم الثكنات والمستودعات واحتلال الشواطىء او غير ذلك من اتلاف تجارة العدو · وخلاصة القول انها الحاق الضرر والدمار بجميع ما هو خاص بالعدو بحرًا والدفاع عما هو خاص به

ولا خلاف بين القواعد الموضوعة للحرب البرية والبحرية ولكن بالنظر الى التباين بين البر والبحر صعب بالطبع تطبيقها كلها في المكانين على السواء فنتج من هذا التباين البعيد قواعد خاصة بالحرب البحرية تختلف عن قواعد الحرب البرية سواء كانت لاحقة بالدول المتحاربة او خاصة بالدول المحايدة · وللحياد في هذا الباب شأن هام افردنا له قسماً خاصاً سيجيء ذكره

الفصل الاول

ساحة الحرب

الحروب البحرية ساحاتها البحور الشاسعة او المياه الخاصة بالدول المتحاربة ولا يجوز ان تقع في مياه الدول المحايدة او الترع او البرازخ والانهار المتفق على حيادها كترعة السويس مثلاً فان الدول متفقة في ٢٠ اوكطوبر سنة ١٨٨٨ على حيادها مع بقاء البحر الاحمر حرًا · ومن الانهر المتفق على حيادها الكونغو والنيجر والدانوب الى حدود الابواب الحديدية · ولكل دولة الحق لا بل من الواجب عليها

منع كل اقتتال في مياهها ولو اضطرت في ذلك الى استخدام القوة · فاذا وقع عداء رغماً عنها حق لها طلب الاعتذار من الدولة المتعدية وعليها الرضوخ · وفي التاريخ امثلة كثيرة على ذلك

الطرق المحللة والمحرمة هجوماً او دفاعاً

كل ما ذكرناه في الحرب البرية من الطرق المحللة والمحرمة ينطبق على الحرب البحرية كل الانطباق · وقد ابنا ايضاً ان الاتفاق الدولي الذي عقد في بطرسبورج في ١١ دسمبر سنة ١٨٦٨ اوجب منع القذائف المتفجرة التي تزن اقل من اربعماية غرام ويشمل هذا المنع ايضاً الحروب البحرية ولكن ما يستعملونه اليوم في الحروب من آلات التدمير والهلاك لما تقشعر له الابدان رعباً وهولاً · فان نسافة (طوربيلاً) تكفي لاغراق اكبر دارعة بما فيها من الاموال والرجال في بضع دقائق · وقد كان من السهل قديماً انقاذ النوتية اذا غاصت سفنهم في لجج الماء اما اليوم فيتعذر وقد يستحيل انقاذهم لسرعة الغرق وشدة هول معدات القتال لان قرائح مخترعي هذه الايام متجهة الى المباراة في ابتداع آلات الهلاك باسرع ما يكون من الزمان · فاذا كانت الشعائر الانسانية تابى استخدام تلك الطرق الهائلة فحقوق الملل تبيحها تبعاً للقاعدة الاساسية وهي ان الغاية من الحرب اتلاف قوة العدو · والخدعة في الحرب البحرية جائزة جوازها في الحرب البرية على شرط الاَّ تكون بطريق الغدر او على غيرما يقتضيه الشرف العسكري · فمن الغدر مثلاً الهجوم على العدو براية مزورة ولكنهم اجازوا رفع الراية المزورة او المستعارة للفرار من وجه العدو خوفاً منه · وعلى هذا فاستعمال هذه الراية يكون محللاً او محرماً تبعاً لكيفية استعمالها

اذا لجأ ربان سفينة الى تلك الخدعة واحتال برفع الراية المزورة على سارية بقصد الهجوم على العدو فهل يجوز لعدوه استعمال تلك الخدعة ؟ — كلاَّ · لانها خدعة غير مشروعة ومخالفة للشرف العسكري ومنافية لمقام الامم المتمدنة · وقد اجمع الشراع ايضاً على تحريم اطلاق القنابل على سفينة معادية اذا انزلت علمها لان انزاله اشارة على الخضوع والتسليم

ولا يخفى ما لحصار المواني والثغور التجارية من الاهمية وسنفرد الكلام فيه فصلاً خاصاً · على اننا نكتفي بان اطلاق القنابل على الثغور البحرية والثكنات والحصون

والمضايق وغير ذلك مما يعدونهُ من طرق الدفاع جائز ولكنهُ لا يجوز على ثغر تجاري لا حصون تحميهِ ولا مدافع تصونهُ فهو بمثابة مدينة مفتوحة لا يجوز حصارها او تدميرها وجميع امراء البحر الذين خالفوا هذه القاعدة عرضوا انفسهم لانتقاد الامم المتمدنة واخصهم الاميرال نلسون الانكليزي لانهُ فاجأ كوبنهاجن عاصمة الدانمرك باسطولهِ عام ١٨٠١ واطلق عليها قنابلهُ لكي يجبر العمارة الدانمركية التي كانت راسية هناك على التسليم

الاسلاك البرقية البحرية

واختلف الشراع في جواز اتلاف الاسلاك البرقية البحرية . على ان الاتفاق الدولي المبرم في تاريخ ١٤ مارس ١٨٨٤ بين ست وعشرين حكومة يقول بوجوب حماية الاسلاك البحرية في زمن السلم . ولكنهُ لم يشر الى حمايتها في زمن الحرب . وبحث استاذي العلامة رينو الشهير في جميع وجوه هذه المسألة وفي انواع ضررها للعلاقات الدولية الحربية فقطع في الامور الآتية :

١ً يجوز قطع الاسلاك البرقية اذا كانت تصل نقطتين خاصتين بدولة واحدة معادية كالسلك الذي يصل مثلاً سيسليا بايطاليا او كورسيكا بفرنسا . وهذا القطع جائز سواء كانت الاسلاك في عرض البحار او في مياه العدو

٢ً يحق لكل دولة قطع الاسلاك البرقية التي تتصل ببلاد عدوها كالاسلاك الموصلة بين فرنسا وبريطانيا

٣ً اذا كان بين احد المحاربين وبلاد محايدة اسلاك فالمحارب الذي ينتهي عنده السلك حرٌّ في قطعهِ او ابقائهِ عملاً بالقاعدة الاسياسية كلٌّ سيد في ارضهِ . اما المحارب الآخر فلا يجوز لهُ مسهُ لان العلاقات بين المحارب والمحايد من الامور الجائزة على شرطين . الاول ان المحايد لا يحق لهُ مراسلة ثغر محصور الاَّ اذا كان يبتدئ في ارض دولة محايدة وينتهي في ثغر محصور . فمن البديهي انهُ يحق للمحاصر قطع ذلك السلك ومنع كل صلة معهُ . ولهُ ايضاً ان يمنع المراكب من العبور او ايصال الرسائل . والشرط الثاني انهُ لا يجوز للمحايد نقل الرسائل من احد المحاربين ويشرط في حرية المواصلات البرقية بين المحاربين والمحايدين ان لا يكون بها اشارة الى الحركات الحربية . ولكن لا يخفى ما في هذا الشرط من الصعوبة والدقة اذ من

الامور السهلة انفاذ الرسائل السياسية بشكل الرسائل البسيطة وقد يكون فيها اتفاق او ائتمار او استطلاع لحركات العدو فاذا اشتبه بذلك جاز قطع السلك

٢ اذا كانت الاسلاك بين دولتين محايدتين فلا يحق لاحد قطعه باي وجه كان . اه

اسر السفن وتدميرها

لكل محارب الحق في اسر سفن عدوه او تدميرها سواء كانت حربية او تجارية والاستيلاء عليها بجميع ما تحوي من الاموال والرجال او الاسلحة والذخائر . وكذلك المراكب الاجنبية التي يستأجرها العدو لخدمته

و يستثنى من ذلك السفن الناقلة لرسل الحرب او المستخدمة لمبادلة الاسرى او لطلب هدنة وانما يشترط عليها الا تنقل من الاسلحة والذخائر الا مدفعاً صغيراً لاعطاء الاشارات والعلامات اللازمة

وقد اضيف على اتفاق جنيفا الشروط الآتية ١ ــ عدم جواز اسر المأمورين الروحيين والاطباء والمرضين واعادة مالهم من الآلات الجراحية والتضميد اذا كانت ملكاً لهم وانما عليهم البقاء على تلك السفن قياماً بواجبات مهنهم مع حق العود الى بلادهم عند الفراغ منها

٢ لجميع اصحاب الزوارق والقوارب الذين يعرضون انفسهم في ابان المعركة لنشل الغرقى والجرحى ونقلهم الى المراكب المخصصة للمستشفيات حق المحايدين سواء كانت تلك السفن خاصة بالعدو او بالمحايدين

٣ جميع السفن المخصصة للمستشفيات تخضع لشرائع الحرب ويجوز اسرها وحق استملاكها على شرط عدم تغيير صفتها في زمن الحرب . اما السفن الاخرى المختصة بالمحايدين او بشركات خيرية فهي محايدة ويجب صيانتها ولكن لكل من المحاربين حق المراقبة والتفتيش عليها

٤ كل مركب تجاري اذا كان غير ناقل سوى الجرحى او المرضى له حق الحياد لاي امة كانت

٥ جميع الغرقى والجرحى الذين نجوا لايمكن استخدامهم في الحرب المنتشبة

٦ يجب على تلك السفن رفع راية الصليب الاحمر بجانب الراية الوطنية

ووضع تلك الاشارة على اذرعة جميع اطبائها وممرضيها وبحارتها ومستخدميها تمييزًا لهم عن المحاربين

الفصل الثاني

في اموال الافراد المحايدين

ذكرنا فيما تقدم ان لكل محارب الحق في اسر مراكب العدو الحربية وتدميرها والاستيلاء على ما فيها · ولا فرق كانت تلك المراكب خاصة بالعدو او مأجورة لخدمتهِ في تلك الحرب

فهل يجوز للمحارب اسر اموال الافراد المعادين · واذا جاز له ذلك فكيف يكون شأنهُ وما هو نصيب بحارة تلك السفن والاموال المشحونة ؟ تلك مسألة من اهم مسائل هذا العصر الدولية وقد طال جدال الشراع والسياسيين فيها نظرًا لخطارتها ولانها تمس مصالح الدول الكبرى سياسة واقتصادًا وخصوصًا الدولة البريطانية العظمى · لان تجارتها كما لا يخفى من صادر ووارد انما تنقل على البحار ويقدرون قيمتها بنحو العشرين مليارًا في السنة · فضلاً عن مساسها حقوق الدول المحايدة من بعض الوجوه كما سترى في القياسات الفرضية الآتية · فالسفن المذكورة اما ان يكون ما تحملهُ خاصاً بالعدو او بالمحايدين او بعضهُ لهؤلاء وبعضهُ لاولئك · وقد تكون هذه السفن ملكًا للمحايدين تحمل اموالاً للمحايدين وقد يكون فيها بضاعة حربية مهربة وربما كل ما فيها او بعضهُ خاصاً بالعدو او غير ذلك

ولما كان للحياد والمحايدين اهمية كبرى فنرجئ البحث في هذا الشأن الى الفصل الذي افردناه لذلك ونكتفي الآن بالبحث عن سفن العدو التجارية اذا كانت ناقلة اموالاً للافراد التابعين له ·

في العادة الدولية

للدول عادة قديمة وهي قاعدة متبعة عند العموم تخول لكل محارب الحق في اسر مراكب العدو التجارية وحجز ما عليها من البضاعة الخاصة به بعد القيام ببعض المعاملات الرسمية · وقد حاولت بعض الدول ابطال تلك العادة يوم اتفقت في

قرارها المعروف بقرار باريس (١٦ افريل ١٨٥٦ على الغاء القرصانية ايضاً . فاقر على ذلك الاتفاق احدى واربعون دولة او مدينة حرة الاّ الولايات المتحدة واسبانيا والمكسيك فانها رفضته . وسبب رفض الولايات المتحدة انها اشترطت في قرارها ابطال اسر بضائع الافراد التابعين للعدو ابطالاً تاماً ومنع التفتيش . وحجتها في ذلك ان الدول التي عدد مراكبها التجارية كثير وقوتها البحرية ضعيفة تصبح بالغاء القرصانية عرضة للدول البحرية القوية اذ تحرم نفسها من الاستعانة بالقرصان . فاعلنت حينئذ دول روسيا وايطاليا وبروسيا وفرنسا استعدادها لقبول شرط الولايات المتحدة فخالفتهم انكلترة فاحبط سعيهم جميعاً وفسد ذلك المشروع فوقفت المسألة عند هذا الحد وظلت تلك العادة مرعية . . . .

اسر الافراد

يحق للمحارب اسر ضباط سفن الدول التجارية وبحارتها اذا كانوا من تبعة العدو وله ان يحجر عليهم في مدينة يختارها هو . فاذا كان فيهم اناس من تبعة دولة اخرى يسلّمون الى قناصلهم وهؤلاء يتولون امر اعادتهم الى اوطانهم . واما الذين ليسوا من ضباط السفينة ولا من بحارتها كالمسافرين مثلاً فلا يجوز اسرهم او حجرهم ولو كانوا من رعية العدو الاّ اذا كانوا عاملين في جيشه او اسطوله . ولا يخفى ان اسر ضباط سفن العدو التجارية وعساكرها وسيلة من اهم الوسائل القاضية باضعاف قوة العدو . وهي لاتختلف مبدئيا عن العادة في الحرب البرية . فقد ذكرنا في ذلك القسم انه لايجوز للزاحف على بلاد العدو اسر احد من رجالها الاشداء طالما كانوا مستكنين تخلصاً من مشقة حراستهم ودفعاً لاكلاف نقلهم وتغذيتهم . اما اذا رغبوا في اللحاق بجيش العدو والانضمام اليه فللزاحف حينئذ الحق في منعهم وصدهم خوفاً من زيادة قوة العدو . كذلك في الحرب البحرية فان لكل فريق من الاعداء ان يتخذ الطرق المؤدية الى اضعاف خصمه وعلى هذا المبدأ اباحوا اسر ضباط سفن العدو التجارية وبحارتها لانهم لو اطلقوا سبيلهم لاسرعوا الى الانخراط في اسطول العدو . ولا يخفى بان الاساطيل تجمع بحارتها من نوتية المراكب التجارية والنوتي لايمكن استبداله او الاستعاضة عنه بسواه من عامة الناس . لان مهنته تقتضي المزاولة الطويلة والممارسة الصعبة لاكتساب الخبرة في ركوب البحار . ولما كان عدد البحارة في جميع

البلدان محدوداً فكل نوتي يؤسر يعد بالطبع نقصاً في قوة العدو . ففي عام (١٧٥٥) اسر الانكليز المراكب الفرنسوية التي كانت تصطاد سمك المورينا (Morue) فحرمت فرنسا بتلك الوسيلة من خدمة اثني عشر الف نوتي دفعة واحدة .. ولكن انكلترا خالفت في عملها هذا حينئذٍ الحقوق الدولية لان الاسر وقع قبل اعلان الحرب رسمياً ...

﴿ في الاشياء والاموال ﴾

اذا التقت سفينة تجارية لاحد افراد العدو باحدى سفن الفريق الآخر الحربية . فهل تعد تلك السفينة معادية ؟ . — تلك مسألة يختلف اعتبار الدول فيها باختلاف قوانينها وشرائعها . فالشرائع الفرنسوية مثلاً تعتبر صفة المالك وصفة الراية المرفوعة معاً . ومحاكمها المختصة بالنظر في الغنائم والمكاسب تعتبر تابعية صاحب السفينة حدّاً طبيعياً لحياد تلك السفينة او عدائها . ولا عبرة في محل اقامته . وتعتبر رفع الراية التي تحمي السفينة من الامور الثانوية . اذ لكل دولة شروط خاصة تجيز بها رفع الاعلام على المراكب التجارية

اذا باع فرد من تبعة العدو مركبهُ الى آخر من تبعة دولة محايدة ووقع ذلك البيع في ابان الحرب عدَّ البيع في اعتبار العدو الآسر ملغىً لايعمل به . الاّ اذا وقع قبل اشهار الحرب وثبت وقوعهُ بالاوراق والصكوك المؤيدة لذلك

هذا هو مختصر الشرائع الفرنسوية لهذا الشأن وهي على العموم صريحة بسيطة خلافاً للشرائع الانكليزية والاميركية فانها ملبكة مبهمة تقبل التأويل والتفسير فامسكنا عن ايرادها او تلخيصها خوفاً من ملل القراء .

﴿ في الامور المستثناة ﴾

واستثنت الدول المتمدنة بعض السفن من الاسر او الحجر اما شفقة على الضعفاء او صيانة للعلم والمدنية واليك السفن المستثناة

١ً — مراكب الصيد — فلا يجوز اسرها ولا الحجر عليها اذا كانت خاصة بصيد الاسماك على الشواطيء رحمة باصحابها ومن يتبعهم لئلاّ يحرموا من كسب معاشهم فضلاً عن ان صيد الاسماك لايعد قوة ولا ضعفاً بالعدو . وهذا الاستثناء شامل للصيادين ولكل ما هو خاص بهم من مؤونة او زاد او شباك او اسماك . وذهب بعض الشراع

بان ذلك لا يتناول المراكب الكبيرة التي يصطادون بها الحيتان والفقمة والموربنا
وغيرها لانهم يعدون ذلك تجارة وصناعة فضلاً عما لتجارتها من الاهمية الكبرى . ولا
حاجة الى القول بان ذلك الاستثناء انما يشترط فيه ان لا تكون لتلك السفن علاقة
بحركات الاعداء.

٢ — البعثات العلمية — جميع المراكب الموقوفة للاسفار العلمية او للابحاث
الاكتشافية تستثنى ايضًا من الحجز والاسر . تلك عادة مرعية عند جميع الدول
المتمدنة منذ اواخر القرن الماضي

استدراك — اختلف الشراع في المراكب التي تلقيها الامواج والاعصار او الزوابع
على شاطىء العدو او التي تدفعها الى الالتجاء الى احد مرافئه فيما اذا كان يجوز اسرها
والعادة المتبعة عند الدول متباينة فبعضهم من يأسرونها والبعض الآخر يفرجون عنها
تبعًا للظروف والحاسات . . .

٣ — المراكب المحولة الى مستشفيات — ذكرنا شروطها والبنود الاضافية على
اتفاق جنيفا في ما مر فلتراجع

٤ — السفن التي تنقل البريد والرسائل — لم يتم بعد اتفاق الدول على استثنائها
ولكن ذلك امر غير بعيد لما اصبح للبرد من الاهمية الآن

٥ — البضائع المشحونة — من الامور المقررة ان البضائع المشحونة على السفن
تستعير تابعية تلك السفن ولا تقبل الشرائع الفرنسية لهذه القاعدة استثناءً . ولكن
من هو صاحب تلك البضاعة هل هو الشاحن او المشحونة له . والعادة ان ترسل
البضائع مضمونة على حساب المشحونة له فهو اذاً صاحبها الاّ اذا كان ثمة اتفاق آخر
مشروط . فالشرائع الفرنساوية تحترم ذلك الاتفاق وتعمل به كما انها تقبل الدعوى
بان البضائع المنقولة على مركب عدو هي عدوة ايضًا وتكلف صاحبها اقامة
البرهان على حيادها

ومن المبادىء الاساسية ايضًا عند اقامة الدعوى ان يكون الآسر مدافعًا امام
المحاكم المخصصة للغنائم فلا يطلب منه البرهان على شرعية اسره . لان الظن غالب
بعداء السفينة المأسورة كما ثبت لديه من التحقيقات والمعاينة عند وقوع الاسر . وهناك
ايضًا ظن غالب بان المشحونات هي بضاعة عدائية . واختلفت الدول في كيفية اقامة

البرهان وإنابة الادلة والاثباتات فاكتفينا بالاشارة اليها خوفًا من الاطالة ·

تنبيه · ومن اراد زيادة الايضاح في ذلك فعليه بمطالعة تأليف العلامة دي بوك استاذ علم الحقوق في كلية بوردو فقد وضع لهذه المسألة مجلدًا خاصًا وهو من افضل ما كتب في هذا الموضوع وقد اقتطفنا هذا الفصل منه

الفصل الثالث

في القرصان ولصوص البحر

القرصان كلمة معربة عن الايطالية (Corasre) وماخوذة من (Corsa) اي المسابقة والمطاردة ولا اعرف لها مرادفًا في العربية · والقرصان هم البحارة الذين يتطوعون في جند البحر لدولةٍ من الدول اما للقتال معها او الدفاع عنها · ولا بد من التمييز بين القرصان ولصوص البحر لان الفرق عظيم بين الفريقين في حقوق الدول

ذكرنا في الحرب البرية شرعية انخراط الافراد في الجندية وجواز مشاطرتهم الجنود العاملين في القتال · وقد اجازوا في الحرب البحرية ايضًا تطوع البحارة واصحاب المراكب الخاصة بالافراد او التابعة للدولة المعادية والانخراط في بحريتها الحربية ويعدونهم معاونين شرعيين بتفويض من ملك البلاد او رئيسها الاكبر ليعملوا باذنه ويحاربوا بامره ويقاتلوا باسمه · وليسوا افرادًا يقاتلون لانفسهم كيفما شاؤوا بل هم مقيدون بشرائع الحرب ومكلفون بحفظ قوانينها ومع ذلك فان بين القرصان وبحارة السفن الحربية فرقًا عظيمًا · لان القرصان يقتتلون وتبعة قتالهم على انفسهم لاينالون على ما يكابدونه من الاخطار والاتعاب غير ما تصل اليه ايديهم من الغنائم والاسلاب التي يغتنمونها من العدو · اما بحارة السفن الحربية فعلى خلاف ذلك · وتعتبر القرصانية في حقوق الدول شرعية مع ما ينجم عنها من المظالم الفادحة والتعديات المخالفة لقواعد الحرب · وما ذلك الا لانها تطابق القاعدة الحربية الاساسية التي تجيز لكل مقاتل إلحاق الضرر بخصمه بكل وسيلة تصل اليها يده

لمحة في تاريخ القرصانية

لما سقطت الدولة الرومانية اصبحت البحار فوضى فكثر اللصوص وعاثوا في فسيحها

وافسدوا فيها فتعددت مظالمهم وتوالت تعدياتهم واحتار التجار في امرهم فعمدوا الى تأليف الشركات للدفاع عن مراكبهم والمحافظة على بضائعهم وكانت تلك الشركات تتولى القضاء لنفسها بنفسها وتنتقم من المعتدين بلا اجازة من حكوماتهم . وتجاوزت ذلك الحد حتى صارت تاخذ بثار غيرها من التجار . وتألفت في ثغور البحر المتوسط شركات كثيرة لهذه الغاية مما يدلُّ على ضعف الحكومات في ذلك الزمان — هذا هو مبدأ القرصانية

ثم توالت الايام والسنون فانحلت تلك الشركات وانقلب القرصان لصوصًا وكثر شرّهم وعم بلاءهم الى القرن الرابع عشر فاصدرت بعض الحكومات نظامًا حرمت فيه القرصانية بلا اجازة خاصة من مليك البلاد . ذلك هو اول نظام القرصان . ثم تعاهدت الدول ان لاتعطي تلك الاجازة لرعاياها الاّ بعد ان يرفع المعتدى عليهم الى ملك المعتدين عريضة يطلبون بها التعويض عما لحق بهم من الاضرار فان ابى المليك عليهم ذلك مُنحوا الاجازة (معاهدة فرنسا واسبانيا ١٤٨٩) واشرطوا في المعاهدات التجارية التي أُبرمت في القرن السادس عشر بانهم لايجيزون القرصانية الاّ على سبيل الانتقام من المعتدين فقط اذا لم ينالوا التعويض عما لحق بهم من الضرر (معاهدة فرنسا وانكلترة ١٥١٨) واتفقوا في معاهدات القرن السابع عشر انهُ اذا لم يعوّض على المعتدى عليهم في مدة بين اربعة اشهر وستة مثلاً حق لحكوماتهم ان يجيزوا لهم القرصانية . والاجازة المذكورة عبارة عن ترخيص يبيح المتضرّر ان ياخذ بثاره ممن اعتدى عليهِ او من احد مواطنيهِ .. لانهم كانوا في ذلك الزمان يعدون المواطنين شركاء ادبياً في ذنب الافراد . ويؤخذ ذلك الثار في عرض البحار . على ان حقوق الملل عدّلت هذه العادة اليوم فاصبح ما يحدث من التعديات والاهانات وما ينجم عنها من الاضرار يعدُّ ماساً بالحكومات وليس بالافراد

وكانت الدول في القرون الوسطى تدعو جميع رعاياها للقتال برًّا وبحرًا وتجيز لجميع ارباب السفن الهجوم على سفن العدو تجارية كانت او حربية والاستيلاء عليها او إلحاق الضرر بها بغير ان يكون لها اجازة في ذلك من قبل . فلما نشطت الدول اشرطت طلب الاجازة وحرّمت كل حركة او اعتداء قبل الحصول عليها وجعلت جزاء المخالفة الاعدام . ثم اقترحت بعض الحكومات على ارباب السفن ان

تقدم ضمانة على الاضرار التي قد يلحقونها بمواطنيهم او بالاجانب الحايدين . واصدر برلمان انكلترة عام ١٤١٤ اقرارًا قال فيهِ ان الغنائم والاسلاب التي تؤخذ على مراكب الاعداء يجب قبل ان تصير ملكًا للقرصان ان تعرض على محكمة خاصة تدعى « محكمة حفظة السلم » وهذا القرار هو منشأ المحاكم الخاصة بالاسلاب الباقية الى يومنا هذا

ولما نشبت الحرب المشهورة بين الولايات المتحدة الاميركانية للدفاع عن استقلالهم ضد الاسبانيين كثرت القرصانية الى حد عظيم رغبة من الاميركيين في تعطيل تجارة الاسبان الزاهرة في تلك الايام . فتراكض الافاقون وغيرهم من اصحاب العطلة من كل صوب وانخرطوا في سلك القرصان للسلب والنهب . و بلغ منهم الشرَه الى انهم تطاولوا على مراكب الامم الاخرى المحايدة واضروا فيها ضررًا فاحشًا . واصبح للقرصانية اسم تقشعر منهُ الابدان حتى صارت مرادفة للصوصية . وظلت كذلك حتى اقرّت الدول الاوربية على الغائها في قرار باريس

قرار باريس

لم تتفق الدول على الغاء القرصانية الاّ في اواسط القرن التاسع عشر في اول حرب القريم سنه ١٨٥٤ وذلك انهُ لما اشهرت كل من دولتي فرنسا وانكلترة الحرب على الدولة الروسية اعلنتا عدولهما عن الاستعانة بمراكب القرصان . وقد ساعدهما ذلك العدول الموقت مساعدة كبرى لان بعض السفن الانكليزية والافرنسية حاصرت الثغور الروسية في البحر البلطيك والبحر الاسود في القسم الآخر ومنعت كل اتجار او علاقة معها حتى لا يبقى للقرصان نصيب وافر . واعلنت النمسا و بلجيكا واسبانيا والبرازيل واسوج ونروج والدانمارك رفض السفن القرصانية في موانيها وعدّت اصحابها لصوصًا . فكان ذلك العدول الموقت مقدمة لالغاء القرصانية . فلما انتهت حرب القريم بمعاهدة باريس (٣٠ مارس ١٨٥٦) الحقت الدول بتلك المعاهدة ذيلاً قررت فيهِ الغاء القرصانية الغاء باتاً . ودعت بقية الدول التي لم تشترك في المؤتمر الى قبولهِ والعمل بهِ . فاجابت الدعوة اربع وثلاثون حكومة الاّ اسبانيا والولايات المتحدة والمكسيك فانها رفضتهُ

اما اسبانيا والمكسيك فاحتجتا بضعف عمارتيهما . واما الولايات المتحدة فكانت

جعلها الفرق العظيم بين عدد سفنها التجارية وهي من المقام الثاني في عالم البحار وبين عمارتها الحربية وهي ضعيفة بالنظر الى قوات سائر الدول البحرية . فضلاً عن كونها حكومة جمهورية لا يتسنى لها اعداد قوة بحرية تناسب مركزها التجاري والجغرافي . وادعت ان مراكب القرصان اكبر مساعد لعمارتها في الحرب

ولا يخفى بان قرار باريس المذكور لا يجري الا على المتواثقين به اذا نشبت حرب فيما بينهم . اما اذا شبت الحرب بين الولايات المتحدة وانكلترا مثلا فيحق لهذه الاستعانة بمراكب القرصان

وخلاصة القول ان القرصانية طريقة حربية شرعية تعد قوة مهمة في الدولة اذا كانت تجارتها كثيرة وعمارتها ضعيفة

ويعتقد بعض الشراح ولا سيما الفرنساويين بان الغاء القرصانية عاد على الدولة البريطانية بالفائدة الكبرى . لانه كان سبباً في زيادة قوتها البحرية . نكتفي من الادلة على ذلك بتخليص ما كتبه العلامة هوتفيل بهذا الشان قال — « كانت القرصانية الذريعة الوحيدة لتعديل القوى البحرية بين الدول الاوربية والدولة البريطانية . فلما الغيت القرصانية اصبحت بريطانيا سيدة البحار بلا منازع فتحصر ثغور عدوها ببعض عمارتها وتطارد سفنه التجارية وتعطل مستعمراته بالبعض الآخر فلو لم تلغ القرصانية لاضطرت بريطانيا الى تفريق سفنها الحربية في فسيح البحار للمحافظة على سفنها التجارية والدفاع عن مستعمراتها العديدة . فكانت القرصانية الطريقة الوحيدة لتضريرها وتخريب تجارتها واضعاف قوتها . اما الآن فقد بلغت قوتها البحرية الى حد يستحيل معه على دولة منفردة ان تمنعها من الوصول الى ما تسمو به البحري . . . وليس ثمة دولة تضاهيها في البحار . واما ضعفها فهو في سعة تجارتها الدولية وكثرة سفنها التجارية . فالقرصان وحدهم يستطيعون مطاردتها والحاق الضرر بها فتضطر الى توزيع قوتها الهائلة ويتعذر حماية تجارتها ومستعمراتها » آه

ويؤيد قول العلامة هوتفيل خطبة اللورد كلارندون في مجلس الاعيان بجلسة ٢٢ مارس سنة ١٨٥٢ حيث قال « ان الغاء القرصانية خير عظيم لشعب تجاري كالشعب البريطاني » . وما اعلن به بالمرستون في مجلس الامة في جلسة

٦ مارس وهو قوله « نحن الذين ربحنا من هذا الالغاء اكثر من سائر الدول (تصفيق) »

وهناك فئة من الكتبة والمتشرعين يدعون بان ساسة انكلترا خدعوا مندوبي اوربا في مؤتمر باريس المذكور ويأملون تحوير ذلك القرار المشهور

الفصل الرابع

في الغنائم والمكاسب البحرية

ان مدار الاحكام الشرعية المتعلقة بالغنائم والمكاسب في الحرب البحرية على الاوامر والنظامات والتعليمات التي اجمعت عليها الدول في قرار باريس سنة ١٨٥٦

والاسر والحجر لايكونان الاّ في عرض البحار و بواسطة قوة من قوات الدول المحاربة · اما الدول اللائي رضين بقرار باريس المتقدم ذكره فلا يحق لهن الاسر والحجر الاّ بواسطة بوارجهن الحربية · ولا يجوز لهن الاستعانة بالقرصان بخلاف الدول اللائي رفضن ذلك القرار كاسبانيا والمكسيك والولايات المتحدة فانه حق لهنّ

في زمان الحجز ومكانه

جميع الحركات الحربية يجب ان تكون في عرض البحار او في مياه المتحاربين وليس في مياه المحايدين او المياه التي تقررّ حيادها

وقد اجاز بعض الشراع وكتبة الجيل الثامن عشر اسر السفن المعادية في مياه دولة محايدة اذا بدأت المطاردة في عرض البحار · اما شراع هذا اليوم فانهم منعوه · وكل اسر او حجر يقع في مياه دولة محايدة لا يعمل به والمحكمة الخاصة بالغنائم تحكم بفساده ولو لزمت الدولة المحايدة الصمت ولم تبد اعتراضاً لمغايرة ذلك العمل لحقوق الدولية العامة

حق الاسر والحجر يبتدي عند اشهار الحرب وينتهي عند انقضائها · وقد ذكرنا فيما تقدم ان « الامباركو» اي القبض على المراكب التي يتفق وجودها في مين الدولة المحاربة عند اشهار الحرب قد ابطل اليوم وتاريخ ابطاله حرب القريم يوم اعطت كل من فرنسا وانكلترة الى المراكب الروسية التي اتفق وجودها في مين

الدولتين المذكورتين مهلة ستة اسابيع للخروج والالتجاء بشحنها الى مقرّ امين ٠ فقابلت روسيا ذلك العمل بالمثل ٠ والدولة الفرنسوية امهلت السفن الالمانية التجارية في اشهار الحرب السبعينية ثلاثين يومًا وفي حربنا مع الروسية عام ١٨٧٧ تبادلت الدولتان امهال المراكب

اذا دخلت سفينة تجارية من سفن رعايا العدو الى احد مين الدولة المحاربة ولم تكن عالمة باشهار الحرب فهل يجوز حجرها ؟ كانوا يجيزون ذلك قديمًا اما اليوم فانهم يمهلونها ريثما تخرج وتبتعد ٠ ذكرنا ان حق الحجز والاسر عمل حربي فاذا انتهت الحرب او بوشر بعقد الصلح سقط ذلك الحق ٠ وانما اضطروا لتعديل هذه القاعدة — فاذا وقع الاسر والحجز في مياه بعيدة تعذر وصول خبر عقد السلم اليها في وقته وعدوا ذلك الاسر باطلاً حرموا الغانمين الذين جهلوا امر السلم الانتفاع بغنائمهم ٠ وتجنبًا لتلك الصعوبات ضربوا آجالاً محدودة تختلف باختلاف المسافات ٠ فاذا انقضت وتحقق عدم وصول خبر السلم فكل اسر او حجز يقع بعد انقضاء تلك المهلة يلغى ٠ واما اليوم فقد سهل ايصال الاخبار باوقاتها لسهولة المواصلات من فضل الكهربائية

﴾ في كيفية الاسر والحجز ﴿

يجب على كل سفينة ماخرة في عرض البحار ان ترفع في اعلى ساريتها علمًا يدل على جنسيتها — تلك قاعدة اساسية ٠ ويحق المحاربين اسر السفن التجارية الخاصة بالافراد التابعين للعدو ومن واجباتهم صيانة سفن المحايدين الاّ اذا خالفت شروط الحياد ٠ فكل بارجة حربية التقت بسفينة تجارية فلربان البارجة الحق ان يكلفها رفع علمها مهما كانت جنسيتها وله الحق ايضًا في اتخاذ الطرق التي تحسن لديه استيثاقًا من صحة الراية وتأكيدًا في حياد شحنها ولذا اجازوا لكل محارب تفتيش كل سفينة تجارية ماخرة في عرض البحار

تلك عادة قديمة الزمن لم يعترض عليها احد ٠ والغاية من تفتيش السفن امران ٠ الاول اثبات صحة تابعية تلك السفينة حتى اذا كانت تابعة للعدو اسرت والثاني للبحث فيما اذا كانت محافظة على شروط الحياد فان كانت محافظة اطلقت والاّ حجزت

وقد تقررت كيفية تفتيش السفن في المعاهدة التي ابرمت بين فرنسا واسبانيا سنة ١٦٥٩ المعروفة بمعاهدة البيرنية . وقد اتبعت الدول جمعاء تلك الكيفية . وهي ان تتقدم البارجة الحربية اولاً نحو السفينة المراد تفتيشها ثم تطلق مدفعاً محشواً بالبارود فقط انذاراً للسفينة بالوقوف ورفع علمها الوطني . فاذا كان الوقت ليلاً رفع فوق العلم مصباح . فاذا وقفت السفينة وقفت البارجة ايضاً على مسافة تختلف باختلاف الظروف وتبعاً لحالة البحر وقوة المدافع . اما اذا ظلت سائرة في طريقها فيحق للبارجة مطاردتها واطلاق بعض القنابل عليها تهويلاً فاذا تشبثت في فرارها جاز اسرها عنوة والمسوولية على ربانها بكل ضرر يصيبها . فاذا قابلت القوة بالقوة اصبح اسرها حلالاً لارتكابها فعلاً عدائياً

واما العادة الشائعة فانه متى اشارت البارجة الى السفينة التجارية بالوقوف امتثلت هذه فيرسل ربان البارجة نفراً من ضباطه وبحارته اليها للبحث عن اوراقها وسجلاتها . ويجوز حمل تلك الاوراق الى البارجة مع ربان السفينة الماسورة غير ان ذلك غير متفق عليه والغاية من تفتيش سجلات السفينة واوراقها الاستيثاق اولاً من جنسيتها والبحث عن محلها المقصود ومعرفة ماهية البضائع المشحونة عليها وتابعية الشحن . فاذا ثبت حياد السفينة وشحنها وان ليس فيها ما يخالف شروط الحياد فيدون كل ذلك في دفتر السفينة اليومي المسمى (الجورنال) وانقلب المفتشون الى بارجتهم اما اذا وُجد في السفينة امر يخالف ما تقدم اعلن اسرها وحجر بضاعتها فيترتب عليها حينئذٍ واجبات اخرى

﴾ في حقوق الآسر وواجباته ﴿

ليس للاسر قاعدة مطردة عند جميع الدول على السواء وانما العادة الشائعة هي «١» الاستيلاء على اوراق السفينة وسجلاتها وتخنيمها بحضور ربان السفينة بعد تدوين بيانها في قائمة خاصة «٢» تدوين واقع الامر في (ضبطنامه) مع بيان حالة السفينة باختصار «٣» معاينة البضائع المشحونة واقفال كوى عنابر السفينة والصناديق ومخازن المؤونة وختمها بعد اخراج ما يلزم من المطعوم والمشروب مدة الابحار «٤» تدوين ما يختص بضباط السفينة وبحارتها . وبعد ذلك تساق السفينة المأسورة الى اقرب ثغر خاص بالآسر . فاذا حدثت احوال اوجبت تعريج السفينة

او دخولها الى مرفاء دولة محايدة لاصلاح ما تعطل بها او للتزويد والتموين جاز ذلك على ان لا تقيم مدة تزيد عن الوقت اللازم

ومن المبادي الاساسية ان الآسر مكلف بحراسة غنيمته بنفسه وانما يحق له ارسال السفينة المأسورة بقيادة احد ضباطه . فاذا وصلت الى الثغر المقصود وجب على الآسر اخطار حكومته بذلك واعلام ناظر الجمرك او الدائرة البحرية الخاصة لتدوين الوقائع وتسليم الاوراق والسجلات التي وجدوها على السفينة . ويتفق احيانًا في الابحار ظروف توجب احوالاً اخرى . مثال ذلك «١» اذا نقص الزاد في البارجة الآسرة او فرغ الفحم منها ووجدوا زادًا وفحماً في السفينة المأسورة حق للآسر ان ياخذ من السفينة الماسورة ما يلزمه او ما نقص عنده على شرط ان يدرج ذلك في بيان خاص مع تقدير القيمة للمحاسبة حين الاقتضاء بين الدولة الاسرة وصاحب الحق في المطالبة «٢» اذا احتاج الآسر الى استخدام السفينة الماسورة لقضاء حاجاته كنقل الرسائل او الجنود او المؤن او الذخائر فالقانون الفرنساوي يجيز له ذلك بعد تقدير قيمة السفينة وما عليها من طرف مفوض مؤلف من ثلاثة ضباط وادراج ذلك في مذكرة . فاذا غرقت تلك السفينة او تعطلت وهي في خدمة الآسر ثم صدر حكم المحكمة الخاصة بالغنائم بفساد ذلك الاسر وجب على الدولة الآسرة التعويض ودفع البدل «٣» اذا غرقت السفينة او تلفت بزوبعة او عاصفة فلا يحق لاصحابها طلب التعويض فيما لو صدر الحكم بفساد الاسر «٤» هل يحق للآسر طلب فدية من السفينة المأسورة . — كانت لهذه المسألة اهمية كبرى لما كانت القرصانية مباحة فاجازتها بعض الدول وحرمتها دول اخرى . واصدرت الحكومة الفرنسوية الى بوارجها في ابان الحرب السبعينية امرًا بحرم اخذ الفدية الاّ في احوال غالبة «٥» ذكرنا ان من القواعد الاساسية ان يقود الآسر غنيمته الى اقرب ثغر خاص بدولته فاذا حدث في اثناء الطريق عطل في السفينة المأسورة منعها من الابحار كهبوب العواصف والارياح او كان سيرها بطيئًا يحول دون لحاقها بالبارجة الآسرة الامر الذي يعرضها للوقوع في ايدي العدو او ان بارجة اخرى معادية جاءت لاسعافها تطارد البارجة الآسرة او غير ذلك من الظروف التي تعرض الغنيمة للخسارة فهل يجوز عند ذلك اتلاف السفينة او اغراقها . — نعم وقد

اجمع الشراع على ذلك «٦» اذا اسرت بارجة حربية سفينة معادية ثم جاءت بارجة اخرى من تابعيتها فانقذتها من الاسر — هل تعتبر تلك السفينة ملك الذي استرجعها او تعود لمالكها الاصلي — لاخلاف بان العدالة والعقل يقضيان باعادة السفينة الى مالكها الاصلي ولكن بعض الشراع حكم بان تلك الغنيمة اذا بقيت في يد الآسر الاول اربعًا وعشرين ساعة ثم جاء العدو فاسترجعها منهُ غصبًا سقطت منها حقوق المالك الاصلي · وحكم غيرهم بان حقوق المالك الاصلي لا تسقط قط بل عليهِ مكافأة الذين استرجعوا اليهِ ملكهُ والتعويض عليهم

✽ في المحاكم الخاصة بالغنائم ✽

ان أسر السفن وحجز بضائعها من ضروريات الحرب ودواعيها ولكن يتفق احيانًا ان يتجاوز الآسر شرائع الحرب وقوانينها المسنونة اما خداعًا منهُ في تابعية السفينة او جنسية شحنها او لوقوع الاسر في مياه المحايدين او غير ذلك من المخالفات التي تكثر في مثل تلك الاوقات ولهذا جرت العادة من سالف الزمن بان كل غنيمة تؤسر يصدر باسرها حكم يقضي بشرعيتهِ · وليس حق الاسر في غنيمة الى ساعة صدور الحكم الاَّ عرضًا ولا يصبح مالكًا شرعيًا الاَّ بعد صدور الحكم بصحة اسرهِ · متى ثبت لدى المحكمة الخاصة ان السفينة معادية وان الاسر وقع طبقًا للشرائع والعادات المتبعة اصدرت حينئذ بذلك حكمًا يخول الآسر حق الملكية · وحق الحكم خاصٌ برئيس حكومة الاسر وهو يقضي بنفسهِ او ينيب عنهُ بالقضاء · ورب معترض يعد ذلك الحق حيفًا اذ يكون رئيس البلاد حكمًا وخصمًا في وقت واحد · ولكن اذا تقاضى الفريقان امام حكومة المأسور كانت النتيجة سواء واذا تقاضيا امام حاكم محايد تابع لدولة ثالثة كان ذلك منافيًا لاستقلال الدول فضلاً عن انهُ يتعذر مراقبة الدول الاجنبية وتنفيذ الحكم على خصمين اجنبيين فتضطر الى الاستعانة باحدى الدولتين فتعود المسالة الى ما كانت عليهِ قبلاً مع زيادة التعقيد فضلاً عن ان حق الاسر هو من نتائج الحرب وعليهِ فالحقوق الدولية تلقي على الحكومات مسؤلية اعمالها الحربية ومراقبة عمالها ومنع كل مخالفة تصدر منهم · ولا يحق لاحد المتحاربين الاعتراض على صلاحية المحاكم الاخرى لانهم في المسألة شرع

في تاليف المحاكم وصلاحيتها

كل حكومة تؤلف محاكمها الخاصة بالغنائم والمكاسب البحرية تبعًا لعاداتها وتنظم معاملاتها وفقًا لصوالحها وتقرر احكامها مع مراعاة حقوقها . ولكن هناك عادة شائعة عند الدول جمعاء وهي ان المحاكم التي تؤلف لرؤية تلك الدعاوي لا تكون عاملة الاّ في زمن الحرب ولا تكون مراكزها الاّ في مدن المحاربين ولا يجوز وجودها في ارض المحايدين . ولا يحق لقناصل الدول المتحاربة الحكم في الغنائم والمكاسب اذا حملت الى الثغور ضمن دائرة اختصاصهم وانما يحق لهم التحقيقات الاولية

والحكومات المتحاربة تنشر عند اشهار الحرب اعلامات خاصة بحقوق الاسر والحجر تفرقها في اصحاب السفن وربانيتها

في المعاملات والحكم

تختلف المعاملات واحوال المحاكمات في هذه المسألة باختلاف البلدان والحكومات ولا يسعنا في هذا المختصر الاّ اجمال الامور الشائعة فيها . متى وصلت السفينة الى الثغر المقصود يشرعون اولاً في اجراء التحقيقات الاولية اما بواسطة الحاكم او على يد مفوض خاص او من الدائرة البحرية ولا يخفى ما لتلك التحقيقات الاولية من الاهمية لانها تهيىء للمحكمة الخاصة مبادىء الحكم . فمتى تمت تلك التحقيقات واُخذت جميع الاحتياطات الموقتة لحفظ السفينة ومشحوناتها من التلف او الضياع رفعت الدعوى الى المحكمة الخاصة بالمكاسب والغنائم الابتدائية فيقف الآسر بصفة المدعي واصحاب السفينة او الذين لهم علاقة بها او شحنها بصفة المدعى عليهم . . . (كذا) والآسر غير مكلف باثبات حجة اسره وشرعية عمله ولكن المطالبين مكلفون بتبرئة انفسهم ولا يمكن تقديم البراهين على البراءة لان بعض الشرائع لا تقبل برهانًا غير مدون في الاوراق والسجلات التي توجد على السفينة المحجورة والبعض الآخر تجيز تقديم براهين اخرى

فاذا صدر الحكم من المحكمة البدائية المذكورة يحق لكل من الطرفين رفع الدعوى الى المحكمة الاستئنافية الخاصة بواسطة القومسير الخاص او من قبل المحكوم عليه . وتختلف مدة طلب الاستئناف من ثلاثة ايام الى ثلاثة اشهر ويكون الحكم البدائي احيانًا قاضيًا على السفينة فقط او على شحنها او على الاثنين معًا . فتستولى

حينئذ الحكومة الآسرة على الغنيمة وقد توزع شيئاً من قيمتها الى بحارة البارجة الآخرى . ويصدر الحكم باعادة السفينة الى وتكليفهم بنفقات الدعوى ورد مطالبهم في العطل والضرر او بفساد شرعية الاسر وتغريم الحكومة الآسرة بدفع البدل والتعويض عن العطل والضرر . تلك قاعدة اساسية لم يعترض عليها احد ولكن لم يعمل بها احد ...

الفصل الخامس

في الحياد

الحياد تجنب الحركة العدائية نحو دولة او اكثر في حال الحرب او المحافظة على علاقتها السلمية مع كل منهن . قال العلامة جافكن « المحايدة حديثة لم يعرفها الاقدمون وانما كانوا يتعاهدون على حفظ علائق الصداقة . والفرق ظاهر بين الصداقة والمحايدة وكانت الحيادة في بادىء الرأي عبارة عن مساعدة الدول بعضها بعضاً ومنع رعاياها من الانخراط في جيوش اخصامها . وفسر العلامة هال فقال — ان الحسد هو السبب الاول في منشا تلك العادة بين الدول المتحاربة منعاً للدول الأخرى من محالفة العدو . والثاني استفادة الدول المسالمة من بقاء التجارة مفتوحة بينهم وبين الدول المتحاربة والامتناع عن قتالها . فلما وجدت الدول مبدأ الحياد عادلاً ومفيداً قررته في حقوق الملل وقيدته بشروط تعاهدت على العمل بها . ومبادىء الحياد السياسية قائمة على حرية الدول واستقلالها اذ لكل منها الحق في ملازمة الحياد او الدخول في الحرب الا اذا تعهدت من قبل بالبقاء على الحياد او خافت ضرر المصلحة العامة

فاذا نشبت حرب اعامت الدول المحايدة رعاياها بالبقاء على الحياد وبينت لهم الاعمال المحرمة وما يترتب من الجزاء على المخالفين . على ان ذلك النشر ليس واجباً على الدول وانما تعودت نشره دفعاً للالتباس وانذاراً للسكان بواجباتهم والنظر في عواقب اعمالهم . وجرت العادة ايضاً ان تبلغ الحكومات بعضها بعضاً بملازمة الحياد

في واجبات المحايدين

يقضي الحياد على الدول بواجبات بعضها على الحكومات وبعضها على رعاياها . فمن واجبات الحكومة اجتناب كل ما يعود بفائدة او ضرر على احد المتحاربين . فاذا أتت احداها شيئاً من ذلك عرضت نفسها للاحتجاج او العداء .

ولكن الحكومات لا تسأل عن اعمال رعاياها ولو صح سؤالها عنهم لاستغرقت المخابرات بشأن ذلك اجيالاً قبل ان تنتهي . ولا تسأل حكومة عما يجرى خارج حدودها الا اذا تعهدت بذلك من قبل . فاذا تعدى شروط الحياد احدٌ في بلاد محايدة فعلى حكومتها منعه ومجازاته ولو لم يكن من رعاياها . اما اذا فعل ذلك في عرض البحار فللمتحاربين الحق في اسره . وعليهم ايضاً منع الاتجار بالبضائع المهربة او خرق الثغور المحصورة . وكما يتعذر على الحكومات صيانة شروط الحياد في البحار فلا يحق لها الاعتراض او طلب رعاها الذين يخرقون تلك الشروط بل تتركهم لينالوا جزاء ما جنته ايديهم

لا يحق للمتحاربين اجبار غير المتحاربين على السلم او الحياد او الرضوخ لشرائع تحصر استقلالها او تقيد حريتها . وانما يسوغ لهم منع الدول المحايدة عن المداخلة في حركاتها الحربية وايقاف رعاياها عن تعدي شروط الحياد ولكن التاريخ اورد لنا حوادث تعدت بها الدول القوية تلك الحقوق عملاً بالمثل القائل « الحق للقوي »

في واجبات الحكومات

قسم العلامة هافنر واجبات الحكومة في الحياد الى ثلاثة اقسام يتفرع منها اقسام اخرى ثانوية :

الواجب الاول — على كل حكومة محايدة الاعتراض على كل حركة عدائية يجريها المتحاربون في املاكها . — الثاني — الامتناع عن مساعدة الحركات العسكرية او مقاومتها طالما كانت الحرب خارجة عن ارض المحايدين — الثالث — عدم التشيع لاحد المتحاربين والبقاء على العلاقات السلمية التي كانت مع المتحاربين قبل الحرب .

فكل دولة تخالف هذه الواجبات تعرض نفسها للمقابلة بالمثل ولو ادى ذلك

الى اشهار الحرب ومن هذه الواجبات الاساسية تتفرع البنود الآتية :

١ً على كل محايد منع كل حركة عدائية يجريها احد المتحاربين في ارضهِ فاذا عجز عن ذلك لم يكن له بد من احتمالها · على ان ارض المحايدين مصانة شرعاً ولا يحق لاحد من المتحاربين ان يطأَها و بالحرى ان يتخذها ساحة للقتال او معتركاً للاخصام فكل تعد من هذا النوع يعد ظلمًا وعدوانًا · وانما على المحايد بذل ما في وسعهِ من القوة في رده فان قصر في ذلك بارادتهِ انقلب الحق عليهِ لانهُ خالف شروط الحياد

وقد ذهب بعض الشراع الى انهُ اذا اصطدم الجيشان وحمي الوطيس وهرب احد الفريقين ولم يكن امامهُ الاَّ ارض محايدة فالتجأَ اليها جاز للعدو مطاردتهُ الى تلك الارض · ولكن فئة كبرى من متشرعي هذه الايام اعترضوا على هذا الامر وحرموهُ تحريمًا شديدًا · فلا يجوز والحالة هذه مطاردة بارجة معادية اذا التجأَت الى مياه دولة محايدة · وكل ما يقع عليها من اسر او حجز يعد لغوًا فاسدًا على ان التاريخ يدلنا على حوادث كثيرة تخالف هذه القاعدة

ومن الامور الغير المشروعة ان تتربص بارجة في مياه دولة محايدة فتختبئ وراء جزيرة او صخرة كبيرة لترصد سفينة من سفن عدوها للهجوم عليها واسرها · فعلى المحايدين منع تلك المخالفات بجميع قواهم

٢ً على المحايدين اجتناب المداخلة بين المتحاربين رأْسًا ولا ضمنًا لاي سبب كان · نعم ان الحرب تجر ضررًا كثيرًا على تجارة الدول المحايدة ولكن تنفيذ هذا الشرط هين

٣ً على الحكومات المحايدة الابتعاد عن التشيع لاحد المتحاربين في علاقاتهم وعدم مشاطرتهم العداء باي وجه كان · فلو فرضنا مثلاً ان كل فريق من المتحاربين التمس مساعدة احدى الدول المحايدة على حدة فردتهما على السواء فيحتمل الا تكون النتيجة عند الفريقين متماثلة وقس عليهِ

٤ً لا يجوز للمحايدين الترخيص للمتحاربين بالتجنيد في بلادهم · وقد كان بعض الملوك يؤَجرون جنودهم رغبة في الاستيلاء على اُجورهم · ولكن الحرية كسرت قيود الاستعباد فلم يعد للملوك اليوم ذلك الاستبداد · كانت انكلترة في الجيل الثامن عشر قد تعاهدت مع الامارات الالمانية على استئجار جنودها لمساعدتها في الحروب

وكانت سويسرا ايضاً مرتبطة مع حكومات شتى على تقديم فرق من جندها · واما اليوم فالمحاربون لا يجوز لهم جمع جنودهم من بلاد المحايدين وعلى هؤلاء تحريم ذلك على رعاياهم · وقد منعوا ايضاً الاستخدام في سفن القرصان عند الدول اللائي رفضن قرار باريس الذي تقدم ذكره · لا يخفى ان كثيرين يتطوعون في الحروب في غير جنديتهم فهل يحق لحكوماتهم منعهم من ذلك بالقوة · كلاّ ·

٥ً هل يجوز لدولة محايدة الترخيص لاحد المتحاربين باجتياز ارضها · — اجاز ذلك بعض الشراع الاقدمين · اما اليوم فقد وقع الاجماع على رفضه رفضاً باتاً لانه يعدُّ نجدة وانتصاراً ويحق للفريق الذي يقع الضرر عليه ان يعتبر ذلك المحايد عدوّاً فاذا اجاز للفريقين اجتياز بلاده عرضها لويلات الحرب · وجملة القول انهُ لا يجوز للمحايد الترخيص للمتحاربين في وطء ارضه او الالتجاء اليها او التجمع في اطرافها للقتال · وانما يسوغ له قبول الجنود الفارة على سبيل الشفقة بشرط ان يجردهم من الاسلحة والذخائر ويقيهم بعيدين عن ساحات القتال ويقوم بما يحتاجون اليهِ من ضروريات الحياة ويعاملهم معاملة اصدقاء خانهم الدهر لا معاملة اسرى الحرب · هكذا فعلت الحكومة السويسرية في الحرب السبعينية مع الجنود الافرنسية · فقد فتحت صدرها للذين فرّوا من وجه الالمان على ان يسلموا مدافعهم واسلحتهم وذخائرهم وتعهدت بارجاعها الى الحكومة الفرنسوية بعد نهاية الحرب والاستيلاء على ما تكون قد انفقته على الجنود · وهكذا فعلت الحكومة البلجيكية في معاملة جرحى الفرنسويين والالمانيين فانها عاملتهم على السواء·

وماذا يفعل المحايدون اذا التجأ اليهم اسرى حرب افلتوا من ايدي العدو · — الجواب · لا يتعرضوا لهم اذ لا يجوز القبض عليهم واعادتهم الى اسرهم بعد ان تخلصوا منهُ واعادتهم الى الاسر يعد خرقاً للحياد

٦ً ان شروط الاتجار من طبيعتها لا تسمح بتنفيذ شروط تلك المواد في المياه المحايدة وعليهِ فالمحايدون لا يجوز لهم ان يجعلوا مرافئهم وموانيهم ملجأً لبوارج المتحاربين او سفنهم ولا الترخيص لهم بشراء الاسلحة والذخائر · بل يجب ان يمنعوهم من ذلك بالقوة بغير ان يطلب الفريق الآخر منهم ذلك · وانما يجوز للسفن الحربية الاستئذان من الدول المحايدة في شراء الزاد او الاقامة برهة قصيرة لاصلاح ما تعطل من ادوات

السفن سواء كان ذلك التعطيل ناتجًا من عاصفة او معركة . وعلى المحايدين حينئذ الترخيص لهم بذلك . واذا اذنت دولة محايدة لبارجة محاربة ان تدخل مرفأ من مرافئها وجبت عليها حمايتها من عدوها . والعادة عند الدول اذا اتفق وجود بارجتين لدولتين متحاربتين في مرفاء دولة محايدة ان تستبقي البارجة الداخلة اربعة وعشرين ساعة بعد خروج البارجة المعادية تسهيلاً لها في الابتعاد

٧ على المحايدين منع المتحاربين من تسليح سفنهم في موانيهم عملاً بالقاعدة الاساسية « ان الارض المحايدة لا تكون ميدانا للاستعدادات الحربية » . والحكومات مكلفة بحفظ ذلك الشروط ومنع مخالفتهِ . ولكن تلك القاعدة خرقت مرارًا وقد حدث من امثلة ذلك ما بين الولايات المتحدة وانكلترة في الحادثة المعروفة « بالالباما » في اثناء حرب الولايات الشمالية والجنوبية

وذلك ان سفن الولايات الشمالية حاصرت ثغور الولايات الجنوبية وضيقت عليها فعمدت الولايات الجنوبية الى تعمير سفن حربية في البلاد الاوروبية وتسييرها في البحا لتعطيل تجارة الولايات الشمالية . فخرج من مياه انكلترة ثلاث بوارج اشهرها كانت تدعى « البالما » وقد اضرت بتجارة الولايات الشمالية ضررًا اوجب احتجاجها واعتراضها . فلما انتهت الحرب طلبت الولايات الشمالية من انكلترة تعويضًا عما لحقها من الخسارة بسبب تساهلها في تعمير سفن الاعداء في بلادها واشتد الخلاف حتى افضى الى التقاضي في مجلس تحكيم عقد في « جنيفيا » فحكم على انكلترة بدفع خمسة عشر مليون دولار تعويضًا على الولايات الشمالية عما لحقها من الضرر بسبب خرقها شروط الحياد

٨ لا يجوز للدول المحايدة الترخيص لاحد رعاياها ان يبيع سفنًا لاحد المتحاربين ويجب ان تمنع اخراجها بما تصل اليهِ يدها من الوسائط

٩ لا يسوغ لدولة محايدة ان تشتري سفينة حربية التجأت الى احد ثغورها . ولا يسوغ لها بيع احد سفنها لاحد من المتحاربين ولا يحق لها ان تهب المتحاربين او تبيعهم فحماً من مستودعاتها ولكنها تقدر ان تبيح ذلك لتجارها وتلقي التبعة عليهم

١٠ هل يسوغ لدولة محايدة ان تبيح لاحد المتحاربين بان يدخل ثغورها الغنائم المكسوبة . كلا : وقد ذكرنا ان السفن الحربية اذا فجأتها زوبعة او عاصفة

جاز لها الالتجاء الى ثغر محايد . وذلك الحق يجب ان يكون للفريقين . ولا يجوز بيع الغنائم في ارض الحايدين مالم يكن قد صدر حكم المحكمة الخاصة بشرعية الاسر او الحجر . فاذاوقع البيع قبيل ذلك كان فاسداً

١١ لا يجوز للحكومة المحايدة ان تسلف نقوداً للمتحاربين . ولكنها لا تمنع رعاياها من الاكتتاب في قرض لاحد المتحاربين . ومع ذلك فالمسألة فيها نظر والشراع مختلفون فيها . فالحكومة الانكليزية لم تعترض على القرض الذي عقدتهُ حكومة الدفاع الوطني الفرنسوية عام ١٨٧٠ وهو القرض المعروف باسم « مورغان » ولا اعترضت على قرض ولايات المانيا الشمالية . ولما ارادت روسيا عقد قرضها المعروف بالقرض الشرقي لم تمنع الحكومات الاوربية رعاياها من الاكتتاب فيهِ

١٢ كل دولة محايدة تجلب سلاحاً او شيئاً من معدات القتال الى احد المتحاربين تعد خارقة لشروط الحياد ولكن اذا فعل ذلك احد رعاياها طمعاً بالكسب فهل يعد ذلك خرقاً للحياد ? كلا . اذ لا يخفى بان الاتجار جائز بين المتحاربين والحايدين . وانما يحق للمتضرر حجز تلك الاسلحة عند خروجها . ولكن للحكومات المحايدة الحق في منع ذلك المبيع سواء كان سببهُ ارتباطاً سابقاً او بواعث سياسية . كذلك فعلت سويسرة و بلجيكا في الحرب السبعينية . ويحق للحكومات المذكورة مجازاة المخالفين . ويذكر القراء كيف ان الحكومة الالمانية منعت معمل كروب من بيع المدافع الى انكلترة في الحرب التي لا تزل منشوبة لحد الآن في جنوبي افريقيا

١٣ ان الترخيص في بيع الزاد والمؤونة لجيش محارب لا يعد خرقاً للحياد على شرط ان لا يكون للحكومة يد فيهِ

في واجبات رعايا الدول المحايدة

ان المبادىء الاساسية في المحايدة تقضي على رعايا الحكومات المحايدة مثل قضائها عليها فعلى الافراد الاقتداء بحكوماتهم . ولكن الفرق عظيم بين الحكومات والافراد فمخالفة الافراد لاتوجب ما توجبهُ مخالفة الحكومات

فالقاعدة مثلاً انهُ لا يحق لرعايا الدول المحايدة الانخراط في جيوش المحاربين ولكن في الواقع كل انسان حر بنفسهِ وعليهِ وحده تبعة عملهِ . اما اذا خالف تلك القاعدة وتجند لاحد المحاربين فيحرم نفسهُ من حماية حكومتهِ ويحق للفريق الآخر

من المحاربين معاملتهُ معاملة العدو · وعليهِ لا يجوز ايضاً للتجارة الخدمة عند المحاربين بصفة دبادبة — اي ادلاء المراكب —

ذكرنا فيما تقدم انهُ لايجوز للتجار بيع بضائعهم ولو كانت من اسلحة وذخائر اذا وقع البيع في ارض محايدة ولكن للعدو ان يتربص ريثما تخرج تلك البضاعة من ارض المحايدين فيعتبرها بضاعة مهربة فيحق لهُ الاستيلاء عليها

و يسوغ ايضاً الاتجار بين المحايدين والمحاربين بالحبوب والماشية وما اشبه ذلك ولا يعد هذا الاتجار خرقاً للحياد الاَّ اذا حاول احدهم ادخال تلك البضاعة الى ثغور محصورة فيعد عملهُ من قبيل مساعدة المحصور على الدفاع فيحق للحاصر ان يحجز تلك البضاعة

والعادة الجارية ان تعلن الدول لرعاياها عن الثغور المحصورة وشروط الحصار · ويحتمل ان تحظر بعض الدول المحايدة على رعاياها بيع الزاد والمؤونة الى المحاربين وتعيين الجزاء للمخالفين · ولكن تنفيذ ذلك الجزاء خاص بها ولا يحق لاحد المحاربين التعلل بهِ والاستناد عليهِ لالقاء المسئولية على الحكومة

الفصل السادس

في حقوق المحايدين

قد يتوهم القارىء لاول وهلة انهُ طالما كان للامم المحايدة حق التمتع بقوتها واستقلالها في ابان السلم فمن الظلم ان يلحقها ضرر بسبب عداء خصمين · او قتال عدوين · ولكننا اذا انعمنا النظر قليلاً زال ذلك الوهم · لان مشاطرة الامم الحياة السياسية في المجتمع الانساني توجب على كل منها رعاية حرية المتقاتلين · وقد تقضي تلك الرعاية احياناً بواجبات تمتزج مع الحقوق فتعدلها تعديلاً موقتاً ضمن دائرة الحدود اللازمة للحركات الحربية · وفي مسألة الحياد كما في جميع مسائل الحقوق الدولية تناسبٌ وتدافع بين الحقوق والواجبات كما يظهر من الامور الآتية ·

أ — من المبادىء الاساسية المقررة ان لكل دولة محايدة حقاً في حفظ سيادتها واستقلالها وحريتها ضمن حدود بلادها · وعليهِ فيكون لها حق الترخيص

لرعايا المتحاربين في دخول ارضها والاقامة فيها على شرط ان يكون ذلك الترخيص مطابقًا لواجبات الحياد التي تقدم ذكرها

٢ً — من واجبات المحايدين الاعتراض على المحاربين اذا جاؤا اليهم رغبة في التجنيد او التأهب للقتال · ويقاس على هذا المبدإ اذا دخلت بارجة محاربة الى مرفاء دولة محايدة وجندت منه نفرًا بدون اذن ارباب السلطة فيكون ربان السفينة قد خرق بذلك شروط الحياد واخل بنظام حقوق الدول · فاذا عاد بعد ذلك سائقًا غنيمة الى احد مرافيء تلك الدولة حق لها اعتبار غنيمتهِ غير شرعية واجباره على اعادتها لاصحابها وليس له حينئذ ان يعتبر ذلك العمل خرقًا للحياد ·

٣ً — يحق لكل دولة محايدة ان تجبر المتحاربين على رعاية حيادها · فاذا أُسرت سفينة مثلاً في مياهها المحايدة ثم سيقت تلك الغنيمة الى احد ثغورها فمن واجبات الدولة المحايدة ان ترجع السفينة لاصحابها ليس فقط لانها اسرت في مياهها بل تأييدًا لحقوقها · واذا ساق الآسر غنيمتهُ الى احد مرافئهِ فعلى الدولة المحايدة التي وقع الاسر بمياهها ان تحاكم الآسر امام المحاكم الخاصة وتطلب اعادة الغنيمة لاصحابها لعدم شرعية الاسر ولانهُ منافٍ لشروط الحياد

٤ً — اذا رست بعض السفن الحربية في ثغر محايد فللدولة المحايدة حق في الترخيص لها بدخولهِ او عدمهِ · ولكن اذا اجازت ذلك فيكون من اجل التزويد والتموين او لاصلاح ما تعطل من الآلات وليس رغبة في الاذخار او التسليح ولكن المحايدة تقتضي على تلك الدولة باستعمال قوتها لمنع كل عداء يقع في مياهها او ارضها ولها ان تمسك السفن القوية وتجيز للسفن المعادية الضعيفة بالخروج والابتعاد منها اربعًا وعشرين ساعة منعًا لكل اقتتال في مياهها ·

٥ً — يحق لجميع رعايا الدول المحايدة حق التمتع باملاكهم واموالهم الخاصة بهم والكائنة في ارض المحاربين ولو كانت في ساحات القتال · ولكن لا يمكن استثناء تلك الاموال من اخطار الحرب ومضارها · قال العلامة جافكن : « على المحاربين صيانة املاك المحايدين واموالهم اذا كانت في ارضهم وانما ليسوا بمجبورين على تمييزها عن سواها بل يجب معاملتها اسوة بغيرها فهي قابلة للتسخير والضرائب ولا يحق لرعايا

الدول المحايدة طلب الخروج من مدينة محصورة وجدول فيها او الاقتراح بتمييز اموالهم او غير ذلك ·

ويجوز للمحارب تدمير سفن المحايدين اذا كانت في مياه العدو واذا اقتضت الحركات الحربية ذلك على شرط التعويض بعدئذٍ ·

٦ — لا يحق للمحاربين الاستيلاء على السفن المحايدة اذا كانت في عرض البحار مهما اقتضت ذلك ظروف القتال · ولا يخفى ان المحاربين ميالون بالطبع الى الشرود عن حقوقهم · واعتادوا في تجريداتهم الحربية على استئجار مراكب محايدة ولكنهم عدلوا في هذه الايام عن تلك العادة لاخلالها بشروط الحياد ·

٧ — من المبادىء المقررة التي لا خلاف فيها اطلاق الحرية التامة في الاتجار بين رعايا المتحايدين · ولكن كثيرًا ما حدث ما يعرقل تلك الحرية ·

٨ — ومن الامور الواجبة ايضًا حرية الاتجار بين رعايا المتحاربين والمحايدين على شرط مطابقة تلك الحرية لشروط الحياد · لان الاتجار يقسم الى قسمين · (١) البيع والشراء (٢) نقل البضائع بالاتجار · فالبيع والشراء يجب بقاؤهما على حرية تامة بين رعايا المتحاربين والمحايدين في كل حال ولو كانا في الذخائر او الاسلحة على شرط ان تقع المتاجرة في ارض المحايدين · ونقل البضائع بين المحاربين والمحايدين يجب بقاؤهُ حرًّا وليس على الدول المحايدة منع رعاياها من نقلها بل للمحاربين التصدي لها حين خروجها اذا اريد ادخالها الى ثغر محصور · ولهذا كان القبض على البضاعة المهرَّبة من حقوق المحاربين · وليس على الدولة المحايدة الاَّ انذار رعاياها بالاخطار التي يعرضون بضائعهم لها ثم السهر على تنفيذ الحقوق الاولية بهذا الشأن

ذلك هو مختصر القواعد الدولية نظريًّا ولكن لسوء الحظ لا تخلو حرب من مخالفات فعلية فتنشأ اختلافات شديدة ومجادلات عنيفة وغير ذلك من الاعتراض والاحتجاج التي قلما تغني الضعيف نحو القوي فتيلاً

في حرية تجارة المحايدين

تختلف شروط الاتجار عند الامم المحايدة في ابان الحرب عن شروطها في ابان

السلم . والاشكال انما هو في تحديد القيود الجديدة مع رعاية حقوق كل من المحاربين والمحايدين .

فقد ذكرنا من حقوق المحاربين استخدام جميع قوامم لقهر بعضهم بعضاً ومنعاً لهم من الثبات في القتال مع رعاية حقوق المحايدين الذين من واجباتهم ابقاء العلائق حرة بين كل من المتقاتلين بدون الحاق ضرر او مساعدة احدهم . وعليهِ لم يتسنَّ حل ذلك الاشكال في كل آن على نمط واحد . لان المحاربين كثيرًا ما يتوهمون ان بقاء حرية الاتجار بين المحايدين هو من فضل تساهلهم ليس الاّ . وكانوا يشترطون شروطًا تختلف باختلاف اغراضهم واهوائهم

وبيانًا لما تقدم نفترض القياسات الآتية . لو التقت بارجة محاربة في عرض البحار او في مياهها بسفينة شاحنة بضاعة خاصة بمحايدين غير مهربة . او لو اتفق لسفينة محايدة ناقلة بضاعة كلها او جزء منها ممنوعة او مهربة . او بسفينة محايدة مقلة بضاعة تخص العدو . او باخرى معادية . ناقلة شحنًا خاصاً كلهُ او بعضهُ بالمحايدين — فباى من هذه الظروف يحق للبارجة الاسر او الحجر . الجواب — لا يحق لها اسر او حجر شيء اذا كانت السفينة محايدة وناقلة بضاعة محايدة ولو كانت وجهتها ثغرًا خاصاً بالعدو على شرط ان يكون محصورًا منهُ لان ليس في تلك التجارة ما يضر بالعدو او بحركاتهِ الحربية . فضلاً عن انهُ ليس للمحارب حق في مس حرية اتجار المحايدين مع المحاربين اذا كانت تلك التجارة محايدة فاذا كانت مهربة جاز لهُ ذلك . ولكن اذا كان في تلك السفينة شيء من العداء سواء كان بها او بشحونها او بالاثنين معاً فحق المحاربين هنا غير تام التقييد . وانما تلك مسأَلة قد اثارت بين الدول قديمًا اختلافات شديدة ومنازعات عنيفة ولم تتفق على حلها مدة اجيال وانما كانت كل منها تجري تبعًا للظروف والاحوال . واما الآن فقد اجمعت الدول في قرار باريس = ١٨٥٦ = بان الراية المحايدة تحمي بضاعة العدو الاّ اذا كانت مهربة ولا يمكن حجر البضاعة المحايدة — الاّ المهربة — اذا كانت تحت حماية علم محايد .

وجملة القول ان حرية الاتجار بين المحايدين يجب ان تكون مصانة الاّ اذا كان لها مساس في العداء . وعلى هذا لا يحق للعدو حجر بضاعة لعدوه اذا

كانت مشحونة في سفينة محايدة ولا توقيفها او تحويلها عن وجهتها او الاخلال في سير حركتها او ما شابه ذلك . كما انهُ لا يجوز لهُ حجر بضاعة المحايدين اذا كانت منقولة على سفينة معادية بل اسره يكون فقط على السفينة وليس على مشحونها .

﴿ في بعض الشروط ﴾

لتلك الحرية شرطان مهمان اولاً اذا كانت البضاعة المنقولة مهربة ثانياً اذا كانت خاصة بحصار ثغر احد المحاربين ولذا سنفرد فصلين خاصين بها وانما يوجد شرط آخر نذكر ملخصهُ هنا وهو — لا يخفى بان الدول لا تبيح عادة للسفن الاجنبية الاتجار على شطوطها ونقل البضاعة من ثغورها (ما عدا المشرق) فاذا حدثت حرب يجوز للمحايد الاتجار على شروط المحايدين . وهل يعد ذلك العمل خرقاً لشروط الحياد او شكلاً جديداً لحرية الاتجار .. قال العلامة هوتفيل = العقل يدل انهُ اذا كان للدولة حق في منع ذلك الاتجار كان لها بالطبع حق الترخيص بهِ . وعليهِ اذا حاول محايد الاتجار على احد الشواطيء عد عملهُ خرقاً للحقوق الداخلية الخاصة بتلك الدولة ويسمى اخلالاً بالحقوق الدولية . وعليهِ لم يجيزوا اذا رخصت دولة ما الى اخرى بالاتجار على شواطيها اسر تلك السفن بحجة انها قد اخلت بشروط الحياد .

الفصل السابع

﴿ في البضائع الحربية المهربة ﴾

كان الملوك والامراء يحرمون في قديم الزمن على رعاياهم الاتجار في ابان الحرب مع المعادين ببعض الاصناف . وقد اصدر بعض الباباوات في مجمعي لاتران الثالث والرابع براآت حرموا بها الاتجار مع مسلمي الشرق والاندلس . واما في يومنا هذا فقد نشأت تلك المسألة من حقوق المحايدة . والتمييز واجب هنا بين البضائع التي يحرم المحارب الاتجار بها على رعاياه اضطراراً اليها وبين التي تعد مهربة عند المحايدين

والمراد بالبضائع المهربة البضائع التي لا يمكن للمحايد نقلها الى محارب ما يدون

ان يخرق واجبات الحياد · لان نقلها يعد نوعاً من المشاطرة في العداء ولذا فيحق للخصم المتضرر منعها واستناداً على هذا المبداء اتخذت الدول المحاربة قاعدة اجازوا بها للمحاربين حق تحديد حرية اتجار المحايدين ومنع كل مخالفة تحدث · ثم وضعوا لها شروطاً وقيوداً تختلف تبعاً للمعاهدات والواجبات وعملاً بشروط قوانين الدول الخارجية والداخلية ·

﴿ المعاهدات ﴾

المعاهدات تحدد الاصناف والاشياء التي تعدُّ في زمن الحرب بضاعة مهرّبة · وقد يحدث عنتاً ومغالاة في تحديدها وتعدادها ·· ففي معاهدة (البرينه) التي عقدت بين فرنسا واسبانيا (١٦٥٩) عدُّوا من البضائع المهربة ما عدا الاشياء التي تستخدم عموماً لحاجات الحرب السروج والخيول وما اشبه ذلك واطلقوا الحرية للاتجار في الحبوب والمأكولات · وحذت الدول الاخرى حذو الدولتين المذكورتين واتخذت تلك المعاهدة مثالاً

واما في المعاهدة التي عقدت بين فرنسا وانكلترة عام ١٢٠٢ فقد عدوا جميع اسباب العيش والقوت من البضائع المهرّبة ·

واما الآن فالبضائع المهربة هي الاسلحة على انواعها والادوات النحاسية والفولاذية والحديدية التي تصنع وتهيأ للاعمال الحربية براً وبحراً بدون اضافة شيء الى ذلك ·

والمعاهدات لا توجب العمل بالطبع الا على المتعاهدين وعليه لا يوجد لحد الآن قاعدة عمومية دولية يجرى بموجبها تعريفاً للبضائع المهرّبة ولهذا اضطرت كل دولة لوضع شروط خاصة اعلاماً لرعاياها بالاخطار التي تحيق بتجارتهم · فالمانيا مثلاً لا تزال تابعة للقوانين البروسيانية القديمة التي لا تعد ملح البارود والكبريت من البضائع المهربة وانما تعد الخيول وسروجها بضاعة مهربة · وقد حاول بسمارك في الحرب السبعونية عدّ الفحم الحجري بضاعة مهربة · واما انكلترة فدماؤها في هذه المسألة غريب عجيب اذ ليس لها قاعدة معلومة فهي تتبع في كل حرب مصلحتها السياسية او التجارية فتحرم احياناً ماتجيزه اخرى والعكس بالعكس تبعاً للظروف اذا كانت محاربة او محايدة · فاذا كانت محاربة حرمت كل شيء حتى

اسباب القوت واذا كانت محايدة اجازت كل ما تريده خصوصاً اذا كانت البضاعة صادرة من معاملها . وقد اتخذت منذ جيلين قاعدة سهلة وهي ان تصدر في كل حرب قراراً وزارياً تعدد فيه اصناف وماهية البضائع المهربة وتبلغه الى الدول الاخرى بكل جرأة . والمحاكم الانكليزية تصدر احكامها في هذه المسألة تبعاً لما تقدم فهي تنظر احياناً الى البلاد الصادرة منها البضاعة . مثال ذلك ان الاخشاب والقطران اذا صدرت من بلاد نروج تعدها مهربة . . . وتعدها محايدة اذا صدرت من غيرها وتعد القمح والطحين والارز والاسماك والاملاح والسمن والجبن والخمر والجعة والعرقي وغير ذلك بضاعة مهربة اذا كان يحتمل تخصيصها الى جنود برية او بحرية . وقد عدت الخلاف الذي حدث بين فرنسا والصين عام ١٨٨٥ حرباً فاعلنت بان الفحم الحجري يعد بضاعة مهربة منعاً للسفن الفرنسوية من تموين بوارجها من مستعمراتها القريبة فقابلت فرنسا ذلك المنع بعد الارز بضاعة مهربة لاهمية ذلك الخشب في تجارة الصين مع الانكليز خصوصاً فاحتجت انكلترة وعظم الجدال يومئذ بين كل من جول فري واللورد غرانفيل . وفي حربنا مع الروسية عام ١٨٧٧ صرحت الدولة الروسية بانها تعد جميع انواع الاسلحة والذخائر والادوات التي تستخدم للقتال براً وبحراً وجميع ملبوس الجنود بضاعة مهربة ونقف عند هذا الحد اذ لا يسعنا تعداد كل صنف عند كل دولة في هذا المختصر .

في منع البضائع الحربية

ذكرنا بان الاتجار بالبضائع المهربة لا يعد مخالفاً للقوانين الدولية وانما نقل تلك البضاعة وارسالها الى العدو او الى احدى ثغوره يجعل المحايد الناقل خارقاً لشروط الحياد . لان دخول تلك البضاعة الى العدو هو بلا خلاف من قبيل الاسعاف وعليه فان توجيه تلك البضاعة نحو محارب ما ليس بشرعي وانما الوجهة وحدها ليست بكافية فيجب التصميم وذلك مبدأ مهم في هذه المسألة لانه يحتمل كثيراً ان يكثر الناقل من المحاولة والمخادعة . قال جافكن « البضائع المنقولة الى ثغور المحايدين لا تعد مهربة وانما لا يجب ان يكون ذلك العمل محايداً في الظاهر ومخالفاً في الباطن » وعملاً بهذه القاعدة اجازوا حجز البضاعة اذا كانت مهربة منذ خروجها من مرفئها ولو لم تكن قاصدة رأساً احد ثغور العدو . لان الامور بمقاصدها

على شرط تحقيق ذلك القصد ٠مثال ذلك حدث في حرب القريم ان سفينة هانوفرية شحنت ذات يوم ملح بارود من انكلترة وابحرت نحو ليسبون لتنقل تلك البضاعة من تلك المدينة الى هامبورج ومنها الى روسيا ٠ فحجزت تلك البضاعة بحق ٠ هذا ويسمون طريقة ذلك النقل « متابعة السفر »

يجوز حجز البضائع المهربة اذا كانت مرسلة الى العدو ولو كانت مشحونة على سفينة محايدة وقاصدة ثغرًا محايدًا لان الغاية هي كافية لشرعية الحجز لان الحاجز يعد السفرتين واحدة ٠

واعتاد المحاربون قديمًا الاستيلاء على البضائع المهربة اذا كانت مرسلة الى ثغور العدو وتحويل ذلك الحجز الى حق شرعي بمجرد حكم ٠ ولا تزل تلك العادة مرعية مقبولة عند الدول الى اليوم ٠

الحجز يكون احيانًا بضمانة دفع عطل وضرر ٠ فيدفع الحاجز عطلاً فيما اذا كان ذلك مشروطًا في معاهدة او اذا كان الناقل جاهلاً ان البضاعة هي مرسلة الى العدو او اذا كانت السفينة قد رفعت مرساتها وابحرت قبل اشهار الحرب ٠ فاذا صودفت بعدئذ في عرض البحار فمن العدل ان يكون الحجز بضمانة دفع العطل ما لم يتفضل الحاجز توجيه السفينة الشاحنة الى ثغر محايد فاذا رفضت حجزت بلا عطل ٠

واجمع اكثر الشراع على جواز الاستيلاء على البضائع المهربة وانما ذهب بعضهم بان لا يحق للحاجز حجزها الاّ موقتًا ابينما تنتهي الحرب ٠

هل يتناول حجز السفينة الشاحنة البضائع المحايدة الموجودة معها ؟

تلك مسألة قد اختلفوا في حلها رغماً عما في ظاهرها من البساطة اذ ليس من العدل حجز البضاعة المحايدة الغير المهربة وغير المرسلة الى محاربين بسبب مجاورتها بضاعة مهربة ٠

الحجز لا يكون الاّ في ابان الابحار ولا يجوز ان يكون عند رجوع السفينة الى ثغرها كما كانت العادة قديمًا ولكن الانكليز لا يزالون يجيزون ذلك و يحجزون البضاعة المنقولة على ظهر تلك السفينة ولو كانت محايدة وغير مشتراة بثمن البضاعة المهربة ٠٠٠ كذا ٠

ليس من الامور الواجبة جر السفينة المحجوزة الى ثغر من ثغور الآسر بل يجوز له نقل البضاعة الى ظهر سفينة واطلاق حرية الاخرى بعد اعطاء وصل اربابها بالبضائع المحجوزه ·

كانت الحكومات قديمًا تعاقب التجار وربابنة السفن اذا ساعدوا المحاربين اما اليوم فقد نسخت تلك العادة لان البحار حرة وليست تحت سلطة احد ·

السبق في الابتياع

يحدث كثيرًا ان تتخل بعض البوارج حق ايقاف السفن الحايدة اذا كانت قاصدة ثغرًا للعدو والاستيلاء على البضائع المشحونة عليها ولو كانت غير مهربة وانما بعد دفع قيمتها وعطلها · ويدعون ذلك الحق حق السبق في الابتياع او حق الشفعة ·· وانما الشراع ليسوا على اتفاق في شرعية ذلك العمل ··

في التهريب بالتناسب والمجانسة

عدّ الشراع من البضائع المهربة الاشياء التي ليست من المواد الممنوعة كالاسلحة والذخائر بل من قبيل المجانسة او المناسبة كنقل الجنود والبحارة او غيرهم من المتطوعين فكل ذلك يعد خرقًا لشروط الحياد كما لا يخفى · وعليه فكل سفينة تقدم على مثل هذا تمس حقوق حيادها ويجوز للعدو اسرها ·

وعد بعض الشراع نقل الرسائل من هذا القبيل ايضًا ولكنهم ليسوا على اتفاق في هذه المسألة ·

ومما يحسن ذكره هنا افادة وفكاهة ما حدث في عام ١٨٦١ في حرب الانشقاق بين الولايات المتحدة الاميركية وذلك ان اربعة معتمدين من ولايات الجنوب ركبوا في ٧ نوفمبر سفينة انكليزية اسمها « ترانت » قاصدين اوربا لطلب الاسعاف وعقد بعض المحالفات · وكان ربان السفينة عالمًا بغاية المعتمدين المذكورين ولكنه لم يكد يخرج من مرفاه حتى تقدمت سفينة اميركية من سفن ولايات الشمال فاوقفت السفينة الانكليزية رغماً عن احتجاج ربانها واستولت على المعتمدين عنوة واطلقت حرية السفينة الانكليزية ولم يعترض لمشحونها · فاعترضت الحكومة الانكليزية على ذلك الامر وطلبت اخلاء سبيل الاسرى مع التعويض · فاجابت حكومة واشنطون انها تعد المعتمدين المذكورين بضاعة مهربة ·· كذا · ولكنها لم تلبث طويلاً حتى اخلت

سبيلهم لعدم انتفاعها منهم وانتقد الشراع تصرف الحكومة الاميركية لان نقل معتمدي السياسة المعادين لا يعد خرقًا للحياد واقرب شاهد لنا ما فعلته الحكومة الهولاندية اذا أنفذت بارجة حربية لنقل كروجر رئيس حكومة الترانسفال فلم تعد انكلترة ذلك العمل خرقًا للحياد ٠

الفصل الثامن

في حق الزيارة والتفتيش

وحركة مراكب المؤن والذخائر

يحق لبوارج المحاربين زيارة سفن المحايدين التجارية وتفتيشها اذا كانت في عرض البحار ٠ اذ تلك واسطة التحقيق فيما اذا كان المحايدون قائمين بشروط الحياد اولاً وليس في ذلك الامر مساس بشرف اوحرية المزور او بحقوق السيادة والاستقلال بل ذلك حق دفاعي من قبيل الاحتياط ٠ وهذا الحق قديم جدًّا وانما لم يحددوا شروطه الاَّ في الجيل السابع عشر وقد اجمع الشراع على اختلافهم بقبوله وقررته الدول في اكثر معاهداتها ٠

وهو خاص بالدول المحاربة فقط ٠ وليس للمحايدين الحق ان يطلبوا من المحاربين تقديم البرهان على صفتهم في ابان الزيارة او التفتيش ٠

وقد ذكرنا ان ليس في ذلك التفتيش خرق لسيادة المحايدين واستقلالهم لان الغاية منها الاستيثاق اولاً من حياد السفينة ثانيًا الاقتناع بانها ليست قاصدة ثغر العدو ٠ وثالثًا بانها ليست شاحنة بضاعة حربية مهربة له ٠ اذ لا يكفي الاقتناع بحياد السفينة بالنظر لتابعيتها بل يجب البحث والتأكيد فيما اذا كانت محايدة بتصرفها ومشحونها وسيرها وان كانت لم تشارك العدو في احد اعماله الحربية ٠ قد سبق القول في كيفية توقيف السفينة وفحص اوراقها وسجلاتها وعليه فاذا وجد بعد ذلك البحث بان ليس في السفينة ولا في مشحونها او سيرها ما يخالف شروط الحياد وليس فيها شبهة اوخداع تركت السفينة في سيرها آمنة ٠ ولكن اذا وجد بان اوراقها وسجلاتها غير كافية للاقتناع او اشتبه بمشحونها حق حينئذ التفتيش الفعلي

اذ لا يخفى بان تزوير الاوراق والسجلات لاخفاء البضائع المهربة شائع كشيوع استعمال الرايات المزورة تغييرًا لصفة الجنسية · والتفتيش جائز للسفن التجارية الخاصة بالمحايدين فقط واما الحربية منها فهي مصانة على شرط اثبات صفتها ويجب ان تكون تلك السفن اي التجارية في البحار الخاصة بالمحاربين او في عرض البحار وليست في مياه محايدة · ان حقوق الدول توجب الاعتدال والرعاية عند الزيارة والتفتيش ومع ذلك فلا بدّ من نتائج مزعجة مكدرة على اثرها لانها تصبح عرضة في كل حين للفحص وتدقيق كل سفينة محاربة ولهذا فقد عمدت الدول رفعًا لتلك الزيارات المكدرة الى طريقة أخرى وهي اجرار السفن المحايدة تحت حماية بارجة حربية خاصة بدولتهم

في حراسة السفن

ان عادة حراسة السفن التجارية المحايدة قديمة وكانت الغاية منها قديمًا وقايتها من تعدّي القرصان ولصوص البحر فكان ربابنة السفن يجتمعون فيؤلفون هيأة يسمونها (اميرية البحر) وينتخبون رئيسًا عليهم يلقبونه بامير البحر وهو المعروف بالافرنسية باسم (اميرال) ·

وظلوا على تلك العادة اي على ارسال بوارج حربية تحرس السفن التجارية في اجارها رفعًا لثقلة التفتيش · واول حراسة صدرت كانت من الملكة كريستين في ١٦ افريل ١٦٥٢ في ابان الحرب التي نشبت بين انكلترة وهولاندا ·

وصار لامر تلك الحراسة اهمية كبرى في اواخر الجيل الثامن عشر واوائل التاسع عشر وقرروا مبدئيًا بانهُ لا يسوغ تفتيش السفن المحروسة متى صرح ربان الحرسة شفاهًا بعد القسم بشرفهِ بان السفن الموضوعة تحت حراستهِ تابعة للدولة المرفوع علمها عليها · واذا كانت قاصدة ثغر عدوان ليس بها بضاعة مهربة · والعادة ان يرسل قومندان البارجة المحاربة ضابطًا الى قومندان السفينة الحارسة لاخذ قسمهِ وشهادتهِ فاذا اقتنع بها امتنع عن كل زيارة · ولكن اذا ابى قومندان الحرسة القسم واعطاء الشهادة المذكورة اصبحت الزيارة والحجر شرعيين · وكذلك اذا ظهر من تلك الشهادة ان احدى تلك السفن غير خاصة بحراستهِ او ان احداها خرقت شروط الحياد · واذا ظهر شك بان المذكور قد خُدع بصير اخطارها · وحينئذ يصبح له وحده الحق بزيارة السفينة المشبوهة وتفتيشها

هذا وقد قبلت اكثر الدول باعفاء السفن المحروسة من الزيارة الاّ انكلترا مما اوجب معارك شتى في الاجيال الاخيرة · ورفضها كان السبب في صمت الدول عن هذه المسألة في قرار باريس « ١٨٥٦ » رغماً عن موافقة اكثر الشراع على اعفاء السفن المحروسة من الزيارة والتفتيش · قال العلامة اوكلان « البارجة الحربية اذا كانت حارسة تمثل مليك البلاد فيجب والحالة هذه تصديق قول ربانها والاّ فالشك يعد اهانة لبلاده »

— هل يجوز لسفينة محايدة ان تطلب من احدى بوارج المحاربين حمايتها ؟ — كلاّ — لان المحايد اذا طلب حماية المحارب خرق شروط الحياد · ومع ذلك فقد أجاز بعض الشراع طلب تلك الحماية

في حجر السفن

كل سفينة تجارية امتنعت فعلاً وقوة عن الرضوخ للزيارة والتفتيش عرضت نفسها للاسر والحجر · وقد اقرت اكثر الدول على ذلك الامر · ولكن هل يقتضي معارضة بسيطة او يلزم الخروج الى العمل ؟ — جرت العادة ان المعارضة البسيطة كافية للحجر

على اي شيء يقع الحجر اعلى السفينة وحدها ام عليها وعلى مشحونها معًا ؟ — اعتاد الانكليز على حجر السفينة ومشحونها اذا كان خاصاً بربان السفينة او بصاحبها · واما الالمان والفرنسويون فقد ذهبوا الى الاكتفاء بحجر السفينة متى ثبت بان ليس لربانها واصاحبها دخل في الشحن

الفصل التاسع

في الحصار بحرًا

(Blocus)

الحصار في البحر قطع كل علاقة او اتصال بين الثغور المحصورة وعرض البحار بواسطة قوة الدولة البحرية واساطيلها · والغاية منه تعطيل تجارة العدو أو ابطالها

موقتًا واخضاعه بالحاجة أو الجوع .

ولكن هل نعد تلك الواسطة شرعية ؟ — نعم لانها أخف هولاً من الطرق الحربية الاخرى اذ التضييق على ثغور العدو تحمله على التسليم بدون اهراق دم او غيره من ويلات الحرب خصوصًا اليوم بعد ان وصلت الاختراعات الى ما وصلت اليه من استنباط آلات الهلاك والتدبير كالطوربيل والنسافات والسفن الغواصة الخ . فليس ذلك الحصار الاّ وسيلة لاضعاف العدو وحرمانه من تجديد قواه فهي اذا طريقة شرعية مباحة في كل الحروب .

ومن المعلوم ان الحصار بحرًا يجرّ ضررًا على المحايدين نظرًا لعرقلة حرية الاتجار والابحار . ولكن اذا وجب الوقوف عند هذا الامر واتباع ذلك المبداء تعذر القتال واستحالت الحروب لان الحرب تعود باضرار على المحايدين اما رأسًا أو تحويلاً .

وعلى المحايدين المحافظة على شروط الحصار والعمل بها . وكل عمل يصدر من محايد لاعانة أحد المحاربين كايصال ذخيرة أو مؤونة لثغر محصور يعد خرقًا للحياد . واهم شروط الحصار أولاً أن تخبر الدولة المعادية الدول الأُخرى عن الثغور التي شرعت بحصارها . وثانيًا أن يكون الحصار واقفًا بالفعل .

وكانت العادة قبلاً أن يكون للحصار البحري ثلاثة أوجه . الاول حصار وهمي أي انهم بينونه على الورق والخرائط فتكتفي الدولة الحاصرة بابلاغ الاخرى حصارها ثغور عدوها بدون ارسال القوة فعلاً . والثاني الحصار ببارجة واحدة سهرًا على شطوط العدو على ان تكتفي بالاخمار تجاهها ذهابًا وايابًا . والثالث بالحصار الفعلي اي بوضع شبه منطقة من بوارجها امام ثغر العدو فتمنع كل خروج أو عبور .

لمحة تاريخية

ليس الحصار بحرًا بقديم العهد ولم يرد ذكره في حقوق الامم ولم تلتجاء اليه الدول الاّ في الجيل السادس عشر لان قوات الاقدمين البحرية كانت خفيفة لصغر سفنهم وضعف مدافعهم . فضلاً عن جهلهم شروط الحياد على انهم كانوا

يعتبرون كل غير محالف عدواً · وظل هذا الاعتقاد سائداً الى القرون الوسطى · ولم يلجاء الدول الى الحصار البحري الا في الجيل السادس عشر رغبة من المحاربين في حرمان العدو من الاتجار مع بقية الامم المحايدة وانما كانت اكثرها حصارات افتراضية وهمية. مما دعى الى تذمر الدول الاخرى وحمل الامبراطورة كاترينا قيصرة روسيا على رفض الحصار على تلك الصورة قانونياً بدعوى ان كل ثغر لم يكن محصوراً بسفن الحاصر لا يعد شرعياً وتهددت كل من يتعرض لسفن تبعتها التجارية انها تأخذ ثارها بقوتها البحرية فاذعنت الدول حينئذ الى رأيها ·

ولما هبت الثورة الفرنسوية المشهورة أصدرت الدولة الانكليزية أوامرها بحجز جميع السفن مهما كانت جنسيتها اذا كانت قاصدة الثغور الافرنسية اي انها اعلنت بذلك القرار حصار ثغور الدولة الفرنسوية باجمعها · وقال (بت) كبير وزرائها يومئذ = يجب ان تسلخ فرنسا عن بقية العالم سلخاً تاماً =

واشهر الحصارات البحرية ما حدث في حروب نابوليون مع انكلترة ولجأت انكلترة يومئذ الى الحصارات الوهمية اي بدون تطويق الثغور الفرنسية بسفنها البحرية فاعلنت في (٢٨ يونيو ١٨٠٢) بان جميع ثغور فرنسا وشواطئها من مصب نهر الالب مصب الوزر محصورة فقابل نابوليون ذلك القرار بحصاره المشهور والمعروف بالاوروبي اي الكونتيننتال · فانه امر بمنع جميع السفن الخارجة او الداخلة الى ثغور انكلترة او مستعمراتها ان تدنو من ثغور فرنسا وشواطئها · فاجابت انكلترة هذا التضييق باشد منه فاصدر نابوليون حينئذ قراراً آخر في ميلان (١٧ دسمبر ١٨٠٧) أعلن فيه ان جزر بريطانيا ومستعمراتها محصورة براً وبحراً وكل سفينة تذهب اليها وتجيء منها تحجز وكل سفينة ترضخ لتفتيش البوارج الانكليزية لها او تدخل احد ثغورها تخسر حقوق جنسيتها وتعد انكليزية ·

فقبلت روسيا والدانمرك بذلك القرار واعلنت العمل به فنهض الاميرال نلسون الانكليزي للحال الى امام كوبنهاغن عاصمة الدانمرك واطلق قنابله عليها بدون ان يعلنها باشهار حرب الامر الذي اغاظ امبراطور روسيا كثيراً وحمله على الانضمام الى نابوليون وقبول قراره المذكور · وحذا حذو كل من النمسا

واسوج . واما الولايات المتحدة فبقيت على الحياد وسعت انكلترة حتى سلخت روسيا واسوج من ذلك التحالف عام (١٨١٢) ثم تمكنت من سلخ بروسيا عام (١٨١٢) ولما سقط نابوليون من شاهق مجده سقط ذلك الحصار معه

وحرب القريم كانت من الاسباب المهمة لتقدم حقوق الدول البحرية اذ قررت الدول عقيب تلك الحرب في مؤتمر باريس (١٨٥٦) بان الحصار بحرًا لا يكون الزامياً الاّ اذا كان واقعاً فعلاً بوضع قوة كافية امام الثغر المحصور منعاً للدنو منهُ .

وفي حرب الانشقاق بين ولايات الجنوب والشمال الاميركية طمرت ولايات الشمال بعض ثغور ولايات الجنوب بالحجارة عجزًا عن حصرها بقوتها الفعلية . على ان ذلك الامر يعدُّ تجاوزًا في الحد واهتضامًا لحقوق الامم

﴿ في شروط الحصار بحرًا ﴾

يشترط في اعتبار الحصار شرعياً وفعلياً الامور الآتية :

١ = وجود حرب او عداء بين دولتين او اكثر

٢ = اعلان الحصار من سلطة يجوز لها ذلك

٣ = ان يكون المكان المحصور قابلاً للحصار

٤ = ان يقع الحصار فعلاً

٥ = ابلاغ الحصار الى المحايدين .

﴿ في لزوم الحرب ﴾

من المعلوم انهُ لا يجوز حصار ثغر قبل اشهار الحرب بين دولتين فاكثر .

وقد ذكرنا قبلاً ان الحصار السلمي الذي اخترعهُ ساسة الجيل التاسع عشر انما هو تعدي الدول القوية على الدول الضعيفة لانهُ لا يحق لاحد حصار ثغر ما قبل اعلان الحرب

ثم ان الهدنة لا تبطل الحصار لان الهادنة كما سبق القول لا تغير شيئًا من مراكز العدو وقواته فالحصار يبقى اذًا الى عقد الصلح .

﴿ في وجوب اعلام الحصار من ارباب الحل والعقد ﴾

لكل محارب حق في الحصار برًّا وبحرًا · فاذا انشئت حكومة جديدة لم تعترف الدول الأخرى بشرعيتها بل اعترفت لها بحقوق المحاربين يسوغ لها استعمال الحصار · كذا فعلت فرنسا وانكلترة في حرب الانشقاق (١٨٦١) بين ولايات الشمال والجنوب الاميركية · وكذا فعلت الدول في الحرب السبعينية بين فرنسا والمانيا فانها وان لم تعترف بحكومة الدفاع الوطني التي انشئت بعد سقوط الامبراطور نابوليون الثالث فلم يعترض حصارها ثغور (دياب وروان وفكامب) التي كان قد احتلها ·

العادة ان السلطة الاجرائية اي المنفذة للاحكام هي التي تدبر الشؤون الحربية وتعهد العمل بها الى أحد قوادها وامراء بحرها أو رؤساء اساطيلها ·

﴿ في الامكنة القابلة للحصار ﴾

يسوغ حصار ثغور العدو وشواطئه كلها أو بعضها على شرط أن تكون قابلة للحصار فعلاً ·

ويجوز حصار ثغر محايد اذا احتله العدو لان الاحتلال يضيع حقوق الحياد · ولهذا السبب يجوز لاي دولة حصار ثغورها اذا وقعت بيد العدو كما فعلت فرنسا في الحرب السبعينية لما وقعت مدن دياب وروان وفكامب » في يد الالمان · وقد استفادت فرنسا من ذلك الحصار لانها منعت المدد من المؤونة والذخيرة للعدو واستخدمت السفن التي كانت في تلك الثغور وقد يحق أيضاً حصار الثغور التجارية غير المحضة لان الغاية من ذلك الحصار التضييق على العدو بالجوع كما تقدم

جميع مصاب الانهار قابلة للحصار اذا كانت خاصة بالعدو واما اذا كانت خاصة بدول محايدة فالمسألة فيها نظر · كما ان لبعض الانهار معاهدات دولية خاصة

اذا كان مجرى النهر او قسم منه في أرض العدو وكان مصبه باجمعه خاصاً بدولة محايدة فالحصار مستحيل لان الدول المحايدة غير مكلفة باحتمال أعمال عدائية في أرضها أو مياهها · اما اذا كان المصب خاصاً باحد المتحاربين وكان

المجرى بجناب أرضاً محايدة فالمسألة تصبح من ادق المسائل الدولية

ففي الحرب السبعينية لم تشاء فرنسا حصار مصب نهر ايمس خوفاً من مس أو اضرار هولاندا . وفي حرب القريم (١٨٥٤) حاصرت كل من فرنسا وانكلترة مصب نهر الطونة (الدانوب) وانما رخصت للسفن النمساوية والمجرية بالخروج دون الدخول منعاً للمدن الروسية الكائنة على شاطىء النهر من التموين والتزويد

وفي حربنا مع روسيا الاخيرة أعلنت الدولة العثمانية بان نهر الطونة هو خط الدفاع وانذرت قوادها باخذ الاحتياطات اللازمة للحركات العسكرية ومنع الاتجار به خاصة . وانما اعتبرت ان اسفل النهر محايداً حتى البوابات المعروفة بالحديدية

وليس الشراع على اتفاق في حل مسألة حصر الانهار وان كان مفيداً للمتحاربين ولكنه كثير الاضرار على المحايدين . وقد أشار العلامة بونفيس بافضلية حصار كل مدينة على حدة — قلنا وانما يقتضي حينئذ قوة بحرية فايقة خصوصاً فيما اذا كان شاطىء النهر بعضه للمحاربين و بعضه للمحايدين

لا يجوز حصار المضايق اللازمة لحرية الاتجار الاّ اذا كان ذلك المضيق يؤدي الى بحر خاص باجمعهِ للعدو او اذا كان شاطىء المضيق للحاصر

أما الاقنية الاصطناعية المحتفرة فلكل منها نظام خاص بها كما وضع لقنال السويس المعاهدة الخاصة المعروفة بمعاهدة الاستانة (٢٩ أوكطوبر ١٨٨٨)

في الحصار الفعلي

اذا أراد المحاربون ان يحترم المحايدون حركاتهم الحربية يجب ان تكون تلك الحركات واقعة بالفعل وليس بالوهم أو الفرض . وعليهِ متى أعلن المحارب عزمه على حصار ثغر ما وجب عليهِ ارسال قوة حربية كافية لذلك الحصار . والاّ اذا أقرّ المحايدون للمحاربين بقبول حصارات فرضية وهمية فكانهم قد خولوهم حقاً مطلقاً استبدادياً فيصبح الحصار آلة في يد الاعداء لا يحتاج الى تجهيز قوة حربية وبناء عليهِ فالحصار الوهمي يعد خرقاً لحقوق الامم والشراع باتفاق على هذه المسألة

تلك هي القاعدة واما فعلاً فالتاريخ يدلنا بان جميع الحصارات البحرية الى أوائل الجيل التاسع عشر كانت افتراضية — واما الآن فقد اتفقت الدول في قرار باريس (١٨٥٦) بان الحصار لا يكون قانونياً الاَّ اذا كان فعلياً وكانت القوة كافية لمنع كل دنو من أرض العدو · وبعبارة أُخرى أن يكون الخروج والعبور من ذلك الثغر المحصور خطرًا · ويختلف توزيع تلك القوة باختلاف المواقع المحصورة واتساعها ولا فرق في بعد المسافة وقربها اذا كانت السفن متربصة لمنع كل دنو ولا يعد الحصار فعلياً اذا اكتفي بوضع بارجة واحدة مجولة لانهُ يسهل حينئذ خرق الحصار في ساعة ابتعادها ولكن متى صار الحصار فعلياً صار الرضوخ لشروطهِ واجبًا على المحايدين ·

كل حصار يرفع موقتًا ثم يعاد تستلزم اعادتهُ اتخاذ الطرق الشرعية التي تقدم ذكرها · ولكن اذا هبت عاصفة أوجبت البوارج الحاصرة الابتعاد عن مراكزها خوفا من الاصطدام أو نحوهِ فهل يبقى الحصار معدودًا فعلياً ؟ والسفن المحايدة التي تكون قد اغتنمت تلك الفرصة واجتازت الثغر هل يعد عملها خرقًا للحصار — ؟ المسأَلة فيها نظر والشراع ليسوا على اتفاق فيها ·

في ابلاغ الحصار

البلاغ يجب أن يكون على ثلاثة اوجه · الاول بواسطة قائد الاسطول الحاصر اعلامًا ببدء الحصار واتساع خطوطهِ فيخطر أرباب الحكومة المحلية وقناصل الدول الاجنبية · الثاني البلاغ السياسي انذارًا للحكومات المحايدة · الثالث ويسمونهُ البلاغ الخاص وهو ابلاغ السفن التي تقرب أو تدنو من الثغر المحصور ·

هل تلك الشروط الثلاثة واجبة كي يصبح الحصار شرعيًا ؟ المسأَلة فيها نظر أيضًا · مثلاً لو أرادت سفينة محايدة الخروج من الثغر المحصور فهل يقتضي ابلاغها الحصار بصفة خصوصية · ؟ — كلاَّ · لان البلاغ الذي اعطي الى الحكومة المحلية والى المحايدين يكفي لعلمو اذ يستحيل جهلهُ بهِ وعليهِ اذا حاولت الخروج بتلك الحجة جاز أسرها · ولكن لو جاءت سفينة من عرض البحار فيحتمل جهلها فوجب حينئذ ابلاغها الحصار ·

والبلاغ الخاص لا يعد محتوماً إلاّ اذا كان صريحاً مع تحديد مواقع الحصار . وان يصدر من ربان احدى البوارج الحاصرة وان يكون خطياً على ورق السفينة الرسمية مع تعيين اليوم والمكان (اي الطول والعرض) جغرافياً .

في نتائج ومفاعيل الحصار

ان من مفاعيل الحصار قطع كل علاقة مع الثغر المحصور فلا يجوز الدنو منهُ لاي عذر كان سواء كانت تلك السفن تجارية او حربية وسواء كانت ناقلة بضاعة للمحايدين او مراسلات رسمية او خصوصية أو غير ذلك .

ولكن اذا كان لا يجوز للمحايدين الدخول الى الثغور المحصورة فهل يجوز لهم الخروج منها ؟ — ليست الدول على اتفاق بذلك . فالقوانين الروسية تجيز للمحايدين الخروج من الثغور المحصورة ولكن لا تجيزها للسفن التي تكون قد دخلتها غاساً وبعض الدول تجيز السفن التي دخلت قبل الحصار الخروج منهُ باي وقت كان سواء كانت ناقلة بضاعة او ثقلاً . وغيرها تعطي مهلة معينة فاذا انقضت لا يحق للسفن الحايدة الخروج فاذا فعلت حق اسرها .

يحق للحاصر تعديل شروط الحصار على شرط ان تكون سواء على جميع الحايدين بلا استثناء وإلاّ فاذا وقع ميزة فقد اخل الحاصر بواجباتهِ ويرتفع عن الحصار حق لزوميتهِ .

ويضطر الحاصر احياناً ان يعدل شروطهُ لاسباب انسانية . مثلاً لو كادت سفينة محايدة ان تغرق لعطل اصابها او لخرق حدث بها او كاد يموت بحارتها جوعاً فعلى الحاصر ان يسمح لتلك السفينة بالالتجاء الى الثغر المحصور الاّ اذا كان في وسعهِ اسعافها .

ليس الحصار الزامياً على السفن الحايدة او سفن العدو فقط بل على السفن الخاصة برعايا الحاصر ايضاً او رعايا الدول المحالفة لهُ لان الغاية كما ذكرنا قطع كل علاقة مع الثغر المحصور .

في خرق الحصار

يجب ان يكون الخرق واقعاً بالفعل وليس بالنية وانما يشترط ان يكون الحصار قانونياً كي يعد الخرق خرقاً فاذا لم يكن جامعاً للشروط المتقدم ذكرها واسر

الحاصر سفينة ما فيكون قد خالف حقوق الامم ووجب عليهِ التعويض ودفع العطل والضرر ·

اذا بوغتت سفينة وهي تحاول خرق الحصار سواءٌ كانت قادمة من عرض البحار أو خارجة من الثغر المحصور حق أسرها بعد اثبات محاولتها ولا صعوبة في ذلك لان العمل وحده كافٍ لاثباتهِ ·

ومثل ذلك فيما لو أُسرت سفينة في حين عبورها خطوط الحصار رغماً عن الاشارات والاعلامات ·

وقد أجمعت الدول ما عدا انكلترة والولايات المتحدة على الغاء حق الاسر استدراكاً واستباقاً كما انهم حرموا حجر بضاعة في عرض البحار اذا كانت مرسلة الى ثغر محصور بحجة انها سترسل اليهِ بطريق آخر برّاً لان ذلك يبطل حرية الابحار والاتجار ·

اذا خرقت سفينة حصاراً سواءٌ كانت داخلة أو خارجة من الثغر ففي أي وقت يكون الحجر قانونياً شرعياً ؟ — الشراع ليسوا على اتفاق في هذه المسألة فالانكليز والاميركيون منهم ذهبوا بانهُ يجوز أسر السفن طالما لم تصل الى الوجهة المقصودة ولو لم تطاردها بارجة معادية اذ الجرم عندهم يعد منذ ابتداء العمل حتى ولو حدث في الطريق عوارض شتى منعت السفينة من اتمام عملها ·

أما بقية الشراع فلم يجيزوا ذلك واشترطوا وجوب الابتداء بخرق الحصار فعلاً أي اجتياز خطوطهِ ثم اضافوا قولهم ولكن اذا كانت السفينة تحاول خرق الحصار وجاءتها بارجة تصادرها فولت هاربة الى عرض البحار يحق للبارجة أسرها ولو لم تفلح في خرق الحصار · الاسر يجب أن يكون بواسطة احدى السفن الحربية وكي يصبح الغنم شرعياً يجب ان يصدر بهِ الحكم من محكمة المكاسب والغنائم لا يمكن اعتداد بحارة السفينة المحجوزة اسراء حرب وانما يجوز حجزهم موقتاً لاعطاء الشهادة امام المحكمة الخاصة بالغنائم · آه

الفصل العاشر

في حجر السفن المحايدة

يجوز حجر سفن المحايدين على الشروط الآتية

١ = اذا أخطرت وأُنذرت بالوقوف لاجل زيارتها وتفتيشها فاجابت ذلك الانذار بمقاومة فعلية او استعدت للقتال والدفاع

٢ — اذا تعذر على ربان السفينة اثبات صفة حيادها

٣ = اذا اشتبه في قول الربان او اذا لم يوجد سجلات واوراق رسمية على ظهرها او اذا كانت مزورة وما اشبه ذلك

٤ = اذا غيرت سير وجهتها بدون عذر كاف او اذا ثبت بان سيرها الظاهر كان خدعة او كان مشحونها يحتوي على بضاعة حربية مهربة ·

٥ = اذا كانت قاصدة ثغرًا خاصًا بالعدو ولئن كان غير محصور او كانت ناقلة اليه بضاعة مهربة او جندًا او رسائل

٦ = اذا حاولت حصار ثغر قد اعلن حصاره رسميًا بجميع شروطه القانونية المتقدم ذكرها ·

هذا وكيفية اسر السفن التجاربة المحايدة مثل طريقة اسر السفن المعادية يجب عرض صلاحية وشرعية حجرها على المحاكم الخاصة بالغنائم كالسفن المعادية ولا يصح تملكها الشرعي الاَّ بعد اصدار الحكم بذلك ·

ومن يكون الحكم يا ترى في الغنائم المكسوبة من المحايدين ؟ — قد ذكرنا فيما تقدم ان السفن المأسورة تحاكم امام المحاكم الخاصة بالاسر · تلك هي العادة المتبعة عند الدول وقد اتخذوها ايضًا عند اسر السفن المحايدة لان الدولة المحاربة هي وحدها قادرة على الحكم في تصرف بحارتها وكيفية تنفيذ اعلامها وقوانينها · ومع ذلك فقد اثارت تلك العادة مشاحنات بين الشراع لا يسعنا ذكرها ·

ولرب معترض يقول وكيف يجوز للمحاكم الخاصة بالمحاربين الحكم على السفن المحايدة اذا اسرت في عرض البحار وهي محايدة وليست تحت مطلق سلطة احد ؟ — يصح ذلك الاعتراض جدلياً ولكن لو قلبنا الافتراض انقلبت الحجة على نفسها فيما

لو اجازوا الى محاكم المحايدين بشرعية الحكم . وقد اقترح مجمع حقوق الدول تأليف محكمة روسية للنظر في تلك المسائل والحكم في اسر السفن المحايدة

اذا سيقت سفينة قد اسرت في عرض البحار الى ثغر محايد لا يمكن لحاكم تلك الدولة الفصل بامرها اذ لا صلاحية لها ان تقضي في امر وقع في عرض البحار تحت راية دولة محاربة ولكن اذا وقع الاسر في مياه هي تحت سلطة تلك الدولة المحايدة حق لها حينئذ اجبار الآسر على اطلاق سراح غنيمته .

ولكن اذا سيقت السفينة الى ثغر خاص بدولتها — وهذا امر نادر جداً — حق المحكمة الخاصة القضاء في شأنها واطلاق سراحها اذا لم تخرق شروط الحياد او الحكم على الآسر . ومن الغريب ان شرائع اكثر الممالك توجب على المأسور ان يكون الطالب وليس المدافع .

على اي شيء تبنى الاحكام في اسر السفن المحايدة ؟ — قد اجمع الشراع بوجوب اتباع نص المعاهدات المشروطة فان لم يكن ثمة معاهدة يجب اتباع القانون الدولي والا تجري تبعاً للاحكام الصادرة سابقاً .

الفصل الحادي عشر

في نهاية الحرب وعقد الصلح

في ايقاف العداء والقتال

يتفق أحياناً ان يكف المحاربون عن القتال فيحدث من ذلك الامر وقوف في العداء الفعلي وينتج عنه سلم ليس مقرراً في معاهدة او وثيقة . فيحفظ كل من المتحاربين مراكزه التي نجت من القتال ويبقى الغالب مسئولاً عما غنمه ويترك الخاسر ما خسره فيصبح الاول سيداً فيما افتتحه . ولا يعد ذلك صلحاً لان الخلاف الذي من اجله قد اشهرت الحرب لم ينفصل . ويمكن ان تطول تلك الحالة الموقتة الى أجل بعيد فتصبح نهائية وربما تعاد العلائق السلمية بين المحاربين بسلم يعقد بينهما بواسطة دولة ثالثة بمعاهدة يقررون بها ان يترك المغلوب للغالب ما غنمه

من ارضهِ . كذلك انتهت الحروب التي نشبت في اوائل الجيل الثامن عشر بين بولونيا واسوج . وبين فرنسا واسبانيا وبين روسيا والعجم (١٨٠١) ولم تعد العلائق بين فرنسا والمكسيك بعد الحرب التي انتهت عام (١٨٦٧) الاَّ عام ١٨٨١ فتأمل

في الاخضاع والافتتاح

الغاية من الافتتاح الاخضاع ويكون متى انتهت الحرب بفشل احد المحاربين فشلاً تاماً الى حد ان يستولى الظافر على بلاد عدوهِ اجمع ويلغي حكومتها السابقة الغاء كاملاً . وكانت هذه العادة كثيرة الشيوع في قديم الزمن . اما اليوم فقد اصبحت نادرة بين الامم والشعوب المتمدنة . ومع ذلك فان الحروب الايطالية عام ١٨٦٠ والحرب الالمانية سنة ١٨٧٠ قد محت من خارطة اوربا ممالك عديدة لان تلك الحروب كانت حروب افتتاح رغماً عما اخترعوه من الاعذار مثل توحيد جنسية الامم والشعوب اذ تلك حجج باطلة لا تغير شيئاً من حقيقة الحال

اذا كان في نية الغالب الاستيلاء على ارض المغلوب فلا يمكن بالطبع عقد الصلح لعدم بقاء حكومة معروفة . ولكن يحق بالطبع للغالب اذا شاء حفظ هيئة الحكومة المغلوبة وردما غنمهُ من ارضها اليهِ او قسم منها والاعتراف بحكومتها . واذا لم يشأ عدَّ عملهُ فتحاً وتصبح البلاد المغلوبة تملكاً لهُ . فالصلح اذا يكون اجبارياً بلا لزوم الى معاهدة مشروطة . وانما يتفق ان يتخلل ذلك الاخضاع تسليم البلاد على شروط يتفق عليها الغالب والمغلوب خاصة بالجيش والمأمورين او متعلقة بامير البلاد او مليكها وعائلتهِ واسرتهِ او املاكهِ الخاصة التي يجب ان تكون مصانة كبقية املاك الافراد الاَّ اذا وجب حجزها لاسباب سياسية . مثال ذلك استيلاء حكومة سردينيا عام ١٨٥٩ على مملكة سيسليا ودوقية لانوسكان وبارم ومودان . وافتتاح رومية عام ١٨٧٠ من الدولة الايطالية والغاء سلطة البابا الزمنية . واستيلاء بروسيا عام ١٨٦٦ على دوقيات هاس وهانوفر وناسو وانكفورت . وافتتاح فرنسا للجزائر عام سنة ١٨٣٠ ومداغسكر سنة ١٨٩٥ والغاء دولة بولونيا من خارطة اوربا واقتسامها بين روسيا والنمسا والبروسيا

ويحتمل ان يكون الاخضاع غير تام فيكتفي الغالب ان تعترف الدولة المغلوبة

بحماية الدولة الغالبة كما فعلت فرنسا مع مملكتي انام وكمبورج . الخ

في الصلح

اذا لم يفشل المغلوب فشلاً تاماً او اذا عجز الغالب عن اخضاع عدوه خضوعاً كاملاً يتفق المتحاربون حينئذٍ على صلح بموجب معاهدة منصوصة

والفرق بين عقد الصلح والمهادنة هو ان الصلح يكون نهائياً الى اجل غير معلوم والمهادنة هي عبارة عن توقيف القتال الى مدة مضروبة . والصلح يفصل الخلاف الذي من اجله اشهرت الحرب فتترك الاسباب تركاً تاماً مطلقاً . ما لم يشترط ذكرها في المعاهدة . فاذا حدثت حرب ثانية بعد عقد الصلح فتكون لاسباب جديدة اخرى . لان الاسباب القديمة قد زالت بزوال الحرب الاولى بخلاف المهادنة فان الحرب تعود الى ما كانت عليه مهما طال زمن الهدنة للاسباب عينها . ومن البداهة ان لكل حكومة حقاً في اشهار حرب كما لها حق في عقد صلح . والاً فمن العبث ان يكون لحكومة ما حق بداية حرب وليس لها حق نهايتها

والعادة ان يكون لرؤساء الحكومات كالملوك والسلاطين وحدهم الحق في اشهار الحرب وعقد الصلح . قلنا عادة لانه يحتمل ان يكون في دستور بعض الحكومات الشورية شروطاً تقضي عليهم باستشارة ومصادقة مجالس نواب الامة واعيانهم . وفي دستور الحكومات الشورية ان الملك وحده حق اشهار حرب وليس له حق عقد صلح اذا كان يجب عليه اخلاء بلد من بلاده . فان البند الثامن من الدستور الفرنساوي مثلاً الذي وضع حين تأسيس الجمهورية الافرنسية الحاضرة يقول صريحاً بان معاهدة السلم لا تصبح نهائية ما لم يقترح عليها مجلسي النواب والشيوخ

ولما خلع الفرنسويون امبراطورهم نابوليون الثالث بعد خسران معركة سيدان واعلنوا حكومة الدفاع الوطني في ٤ سبتمبر سنة ١٨٧١ — ارادت تلك الحكومة الجديدة مفاتحة بسمارك في امر الصلح فاجابها ذلك الداهية انه يجب بادئ بدء ان تعترف الامة الفرنسوية بالهيئة الحاكمة الجديدة باجتماع نوابها بجمعية وطنية وكانت غايته استدراكاً لاحتمال انكار الامة ما تصادق عليه الحكومة الجديدة

ولما ارادت السرب عقد الصلح مع امارة البلغار عام ١٨٨٦ اعتبرت الدول

انه لا يحق للبلغار عقد الصلح وحدها لانها تحت سيطرة جلالة السلطان فانفذ جلالته من لدنه معتمداً للمخابرة في عقد الصلح · وقد افتتحت تلك المعاهدة هكذا « باسم الله القادر على كل شيء لما كان جلالة السلطان امبراطور العثمانيين بصفة كونه سيداً لامارة البلغار راغباً بالاتفاق مع جلالة ملك السرب وسمو امير البلغار في عقد صلح بين كل من السرب وامارة البلغار الخ »

في توطئة الصلح وتمهيده

يعقد المتحاربون في اكثر الاحيان او تقريباً على الدوام معاهدة تتضمن شروط الصلح المهمة رغبة في اعادة العلائق السلمية وتكون تلك الشروط توطئة المعاهدة النهائية او تمهيداً للرغبة في توقيف القتال · فاذا كانت الغاية الاولى فالمعاهدة النهائية تكون تكملة وختاماً وان كانت الثانية امكن حينئذٍ تحويرها وتعديلها · ويجب ان تعرض تلك المعاهدات على رؤساء الحكومات المتحاربة للمصادقة عليها ولا يجب الخلط بين المعاهدات النهائية وبين التي تعقد اولاً تمهيداً لها وتوطئة يعهدون عادة الى المأمورين السياسيين كالوزراء والسفراء بتهيئة مقدمات السلم لان ذلك ليس من شؤون قواد الجيوش · ومن امثلة ما تقدم الحرب التي نشبت بين الدانمرك والنمسا وبروسيا فقد انتهت في المعاهدة التي عقدت تمهيداً في فينا اول اغسطس سنة ١٨٦٤ — والمعاهدة النهائية كانت في اول اكتوبر · وقد انتهت الحرب السبعينية بين فرنسا والمانيا بمعاهدة فرساليا التمهيدية في ٢٦ شباط عام ١٨٧١ وختمت نهائياً في معاهدة فرانكفورت في ١٢ مارس عام ١٨٧١ وحربنا الاخيرة مع روسيا انتهت بمعاهدة سان ستفانو البدائية في ٣ مارس عام ١٨٧٨ · وصار تحويرها وتعديلها بناء على اقتراح انكلترا والنمسا في مؤتمر برلين الذي عقد في ١٣ يوليو عام ١٨٧٨ —

في محاورات السلم

السلم يعقد بعد محاورات تمهيدية بين المتحاربين ولا يجوز للمحالف مفاتحة العدو بامر الصلح خفية عن حليفه ما لم يكن قد رخص له بذلك في معاهدة التحالف وكل صلح يعقد منفرداً يعد تركاً للمحالفة · وقد يحتمل ان يرفض المحالف شروط الصلح فيجب عليه اتمام الحرب وحده · وقد فاتح نابوليون الثالث روسيا في حرب القريم في

امر الصلح خفية عن انكلترة مما اوجب حنق اللورد بالمرستون يومئذ كثيرًا
يجوز لدولة محايدة عرض وساطتها لمخابرات السلم ويحتمل ايضًا ان تتوسط دولة او اكثر فيجبرون المتحاربين على شروط السلم فيضغطون على الظافر او على الاثنين معًا لاسباب يسمونها الموازنة السياسية واكثر ما تقع في الممالك الشرقية . . اما خيفة من ابادة بعضها بعضًا او منعًا لاطالة زمن الحرب ورفعًا لضررها عن الامم والشعوب وغير ذلك من الاعذار

وقد كثر بحث الشراع في حقية تلك المداخلة وعدمها وذهب الاكثرون بجوازها واضافوا الى الاسباب المتقدم ذكرها اسبابًا داخلية واقتصادية وانسانية

ومن الطبع انه يحق للمتحاربين رفض مداخلة دولة اجنبية ورد وساطتها على شرط القوة

ويحدث احيانًا ان يفترح المتحاربون على بعض الدول مشاطرتهم في عقد الصلح زيادة في اهمية المعاهدة كما حدث في مؤتمر برلين . وكما فعلت فرنسا والمانيا وروسيا في معاهدة الصلح بين الصين واليابان عام ١٨٩٥ —

وتنتهي المحاورات احيانًا في مؤتمر او مجتمع يتفقون على اختيار مكانه سابقًا

﴿ في شروط معاهدات الصلح ﴾

قد خصصنا في القسم الثالث من هذا الكتاب (الذي سيصدر بعد هذا) فصلاً طويلاً في المعاهدات وشروطها ونكتفي بالقول في هذا الباب بان المعاهدات يجب ان تعقد بحرية بدون ضغط او ارهاب او وعد او وعيد وبصحة العقل والجسم . وكل مندوب يوقع امضاءه على معاهدة وهو ليس على شيء من ذلك او في حالة السكر يعد ذلك لغوًا والمعاهدة فاسدة . وجميع المعاهدات والمواثيق يجب ان تكون خطية وقد اعتادوا نشرها متى تمت المصادقة عليها كبقية المعاهدات على صفحات الجرائد . وقد كانت تشهر قبلاً باحتفالات خاصة

﴿ مضمونها ﴾

وتتضمن تلك المعاهدات تارة امورًا عامة وطورًا اشياء خاصة فيذكرون بها مثلاً شروط الغرامة التي تقرر دفعها وقبولها وشروط السخرة والسكك الحديدية والعطل والاضرار وكيفية اخلاء بعض المقاطعات والبلدان وقبول المهاجرين والخلاء

سبيل الاسرى وما يتعلق بالمعاهدات السابقة التي كان معمول بها قبل الحرب وغير ذالك مما يطول شرحهُ · ويفرزون ايضاً في بند يتفقون فيهِ على كيفية تنصيب حكم اذا حدث خلاف في تفسير بعض بنود المعاهدة الخ

﴿ في الغرامات ﴾

ان امر دفع الغرامة الحربية عادة متبعة منذ سالف الزمن · وانما اتسعت في اواخر الجيل التاسع عشر اتساعاً فائق الحد اذ اصبحت الغرامة اليوم ليست للتعويض على ما خسره الظافر في تلك الحرب بل صارت فرصة للاثراء والربح وكثر شيوع التغريم في حروب نابوليون الاول وقد فاقت المانيا جميع امم الارض في ذلك · فان الغرامة التي اقترحتها على النمسا في حربها سنة ١٨٦١ كانت باهظة جداً وانما لم يسمع بابهظ مما اقترحتهُ على فرنسا بعد الحرب السبعينية وهي خمس مليارات من الفرنكات اقتضتها في ثلاث سنوات

وقد اقترحت روسيا في حربنا الاخيرة معها في معاهدة سان ستفانو الشروط الآتية · ١ — دفع تسعماية مليون روبل بدلاً من مصاريف الحرب (كنفقة الجند ومعدات القتال) — ٢ — اربعماية مليون روبل تعويضاً عن الخسائر التي لحقت بجنوبي روسيا وتعطيل تجارتها وصناعتها وسككها الحديدية — ٣ — ماية مليون روبل تعويضاً عن الاضرار التي لحقت القوقاس من زحف الجنود العثمانية · ٤ — عشرة ملايين روبل تعويضاً للرعايا الروسيين الذين كانوا مقيمين في بلاد الدولة العثمانية · المجموع الف واربعماية وعشرة ملايين روبل ·

ثم اقترحت في البند التاسع عشر من تلك المعاهدة ما يأتي · نظراً لارتباك مالية الدولة العثمانية وبناء على رغبة جلالة السلطان قد قبل جلالة امبراطور روسيا بابدال القسم الاكبر من الغرامة المذكورة باخلاء المدن الآتية لروسيا · وهي باطوم واردخان · والقرص والشكرد وبايازيد في اسيا وتولجو في اوربا بدلاً من مليون وماية الف روبل · هذا ويتفق ايضاً ان يضيفوا الى معاهدة الصلح بنوداً يسمونها اضافية تتميماً لما وقع عليهِ المندوبون السياسيون بمفوض خاص بواسطة معتمد آخر

﴿ في تنفيذ معاهدة السلم ﴾

متى تمَّ عقد السلم بين المتحاربين وجب العود الى الصداقة القديمة فتعاد العلائق

الودية بين الدولتين وتعقد بينهما المواصلات السياسية و يعملون بالمعاهدات القديمة ما لم يكن قد اشترط تعديلها وغير ذلك . والسلم يجب ان يكون مستمرًا . ولا يستفاد من هذا حرمان المتصالحين الحق في اشهار حرب ثانية . كلاً لانهُ لا يستطيع احد اشتراط هذا الشرط ولا يمكن لاحد ان يقبل بذلك التعهد

في الصفح العام

الصلح يمحو ما وقع من المخالفات في زمن الحرب ومعاهدة السلم تلغي جميع الشكايات والمظالم التي نجبت من جراء القتال . وهذا ما يسمونهُ العفو العام . فلا يجوز بعد اعطائهِ قبول التشكي والمطالبات . و يقيدون ذلك الشرط في بند خاص في المعاهدة . والمقصود بالمخالفات والشكايات هنا ما يحدث احيانًا بين الوطنيين من المتحاربين سواء كان من اجل مسألة دينية او جنسية فقط . ولا يتناول ذلك العفو عن الجرائم والجنايات التي ترتكب في زمن الحرب . مثال ذلك ما جاء في البند الثامن من معاهدة سان ستفانو اذ اشترطت روسيا فيهِ ان يمنح الباب العالي عفوًا عاماً يشمل جميع العثمانيين الذين تداخلوا واتهموا في مشاركة العدو في الحرب (كذا) . . . واطلاق سراح جميع الذين سجنوا او نفوا من اجل ذلك . واشترطت في البند ايضًا ٢٧ عدم مجازاة احد من العثمانيين الذين اشتركوا مع الجيش الروسي مع اطلاق الحرية لهم اذا ارادوا لحاقهُ بدون معارضة . . . (قلنا ولا يخفى ان العامة في الشرق صارت تضرب المثل بالشروط الروسية فيقولون مثل شروط المسكوب) وفي حربنا الاخيرة مع اليونان اشترطت الدول علينا مثل هذا العفو

في تنفيذ المعاهدات

من العادة انهُ متى تمت المحاورة بشأن عقد الصلح يكون قد كف المحاربون عن القتال اتفاقًا بعقد مهادنة يؤجلون مدتها مرارًا ريثما يفرغ السياسيون من المحاورة والمفاوضة . فان لم يكن ثمة مهادنة فمتى عقد الصلح ابطل كل عداء وقتال بالحال من ساعة التوقيع على شروط المعاهدة بدون انتظار المصادقة عليها من لدن رؤساء الحكومات او مجالسها النيابية اذا كانت شوروية

فاذا وقع بعد ذلك الصلح مناوشات فلا تعد عداء بل تكون من قبيل المخالفات وتوجب الجزاء على فاعلها . واذا حدث قتال جهلاً بالصلح وأُسر بعض السفن في البحار

بعد ذلك الاسر لغوًا فتعاد الغنيمة لاصحابها بعد التعويض عليهم ولا تلقى مسئولية العمل على الضباط او الاشخاص بل على الحكومات حمل تلك المسئولية

المعاهدات يجب ان تنفذ بصدق نية واخلاص طوية فاذا حدث خلاف في تفسيرا او تأويل بعض المواد المبهمة يوّلفون مفوّضًا لحلو وتفسيره

ويبقون واحيانًا قسماً من الجيش محتلاً بعض مقاطعات من البلاد ريثما يتم تنفيذ المعاهدة بشروط كما فعلت المانيا بعد الحرب السبعينية . ومتى اخلى العدو ارضًا كان قد احتلها عادت السلطة للحكومة الاصلية بجميع حقوقها وشروطها

وكان الفراغ من تسويده في ليلة ٩ ايار (مايو) من سنة ١٩٠١ في مدينة بروكسل عاصمة بلجيكا [١]

(امين ارسلان)

انتهى

(١) (تنبيه واعتذار) قد تعذّر نظرًا لبعد المسافة بين القاهرة وبروكسل اصلاح جميع الاغلاط المطبعية فنسأل القراء عذرًا كريمًا

﴾ فهرست المواضيع ﴿

اصلاح غلط

خطأ	صواب	صفحة	سطر
فيجح	فأحبط	٨	٢٢
وحل المشاكل	واخير وسيلة لحل المشاكل	١٠	٣
فانة	مثلاً	١١	٧
واضطر وزير فرنسا	واخطر وزير فرنسا	١٥	١١
ريخ	تاريخ	١٦	٢١
ولا دخل في حقوق الدول	ولا دخل له في	١٩	١٢
لويس السادس عشر	لويس الرابع عشر	٢٢	١٠
انما	قد	٣٠	٤
وهم	لانهم	٣٠	١١
ذكر	ذكرنا	٣٢	٩
روسين	روليين	٤٠	٤
ثلاثة	ثلاث	٤٨	٧
على شاطرق بلاده	على مشاطرن اعداء بلاده	٥٤	٥
غرف	فرق	٦٥	١٩
يختارون	يختار	٧٣	١٠
الشبة	الشبهة	٧٣	٢٣
والجبر	والحجر	٨٨	١٥
الايجاد	الايجار	٨٩	٢٥
يبوع سفقًا	تبيع سفنًا	٩٧	٢٠
الخشب	صنف	١٠٥	١٢
الالب مصب	الالب الى مصب	١١٣	١٥
فلم يعترض حصارها	فلم نعترض على حصارها	١١٤	٧
قد احتلها	قد احتلها الالمان	١١٤	٨

(تنبيه) قد سقط اغلاط اخرى مطبعية لاتخفى على القارىء الكريم

PRINCIPES

DU

DROIT INTERNATIONAL PUBLIC

(droit des gens)

IVeme Partie

LA GUERRE

PAR

L'EMIR EMIN ARSLAN

CONSUL GÉNÉRAL DE TURQUIE

À BRUXELLES

Première édition arabe

Imprimerie Al-Hilal, Le Caire, Egypte

1901

www.ingramcontent.com/pod-product-compliance
Lightning Source LLC
Chambersburg PA
CBHW062018200326
41519CB00017B/4829
* 9 7 8 2 0 1 1 3 3 3 0 1 8 *